Chinesische Küche

Vorwort

Kein Genießer würde auf die traditionelle, einheimische Küche verzichten wollen.

Aber nichts spricht dagegen, einmal über den Tellerrand hinauszublicken und sich dafür zu interessieren, was die Nachbarn kochen. Neugier und Lust auf fremde Genüsse gehören zum Wesen eines Genießers. Inzwischen haben wir auch andere Kontinente betreten und nach kulinarischen Trophäen geforscht.

China, dieses riesige Reich der Mitte, ist für viele Europäer immer noch ein völlig unbekanntes Gebiet, unzugänglich hinter der großen Mauer verborgen, im Schatten des Himalaja.

Mit der Erweiterung unseres kulinarischen Horizonts ist auch der Wok in unser Blickfeld gerückt. Für viele ist er der Inbegriff der chinesischen Küche, gleichsam das Herzstück.

Vorwort

Der Wok läßt uns die Qual der Wahl was die Garme-thoden betrifft. Wir können Fleisch scharf anbraten oder langsam schmoren, wir können Fleisch schonend dämpfen oder knusprig fritieren, wir können eine Suppe kochen, Gemüse dünsten oder sautieren.
Die chinesische Küche zeichnet sich dadurch aus, daß die Gerichte stets frisch und mit Biß serviert werden. Die sorgfältige Vorbereitung ist daher von großer Wichtigkeit. Alle Zutaten werden klein und mundgerecht geschnitten. Dadurch werden die Garzei-ten entscheidend verkürzt.
Das wiederum schont nicht nur die wichtigen Vitamine und Mineralstoffe, sondern auch die lebendige Farbe der Zutaten und erhält diesen ihre feste Beschaffenheit.

Im Mittelpunkt der chinesischen Küche stehen neben Reis und Nudeln, besonders Gemüse und Früchte. Die Gerichte sind schmackhaft, kalorienarm und nährstoffreich. Die besonderen Vorzüge der chinesischen Küche sind: Ihr köstlicher Geschmack, die appetitanregenden, frischen Gemüse, die Leichtigkeit der Gerichte, die je nach Garmethode, Geschmack, Aroma und Farbe kontrastreich aufeinander abgestimmt sind. Übrigens sollten Sie keine Scheu vor exotischen scharfen Gerichten haben. Erstens gewöhnt man sich schnell an die fremde Art und überdies haben Gewürze immer auch eine heilsame Wirkung. So wird etwa dem Szetschuan-Pfeffer eine günstige Wirkung bei Rheuma oder einer schwachen Funktion der Milz zugesprochen. Und Ingwer erhöht nachweislich die Blutzirkulation, wirkt wohltuend bei Erkältung und Grippe.

Außerdem soll er die Darmfunktion anregen und üblen Mundgeruch vertreiben. Die Liste könnte noch lange fortgesetzt werden. Tatsache ist, daß die chinesische Küche für Leib und Seele gleichermaßen ein Genuß ist. Darüber hinaus sollte auch der Formenreichtum und die Farbenpracht der chinesischen Küche im Bild eingefangen werden.
Beides ist in diesem Buch gelungen.

Der Wok

Der Original-Wok wird auf Gas bzw. auf offenem Feuer betrieben, ist meist aus Gußeisen und verteilt die Hitze rasch und gleichmäßig. Er soll am tiefsten Punkt sehr heiß werden und die Hitze die Seitenwände hinauf weiterleiten, was vor allem wichtig für das Pfannenbraten ist.

Für den Elektroherd gibt es inzwischen schon Woks, wie z. B. den Vita-Wok, der die gleichen positiven Eigenschaften mitbringt. Auf Keramikkochfeldern ist auch eine Reduzierung der Hitze kein Problem, bei herkömmlichen Platten kann man sich helfen, indem man eine zweite Platte mit geringerer Hitze dazuschaltet und den Wok umsetzt. Falls man keinen Wok besitzt, kann man sich mit einer tiefen Pfanne oder einem Schmor-, Dämpf- bzw. flachen breiten Kochtopf behelfen. Ein Schnellkochtopf ist für die Zubereitung von Brühen hervorragend geeignet.

Die wichtigsten Gartechniken

Die Kochkunst hat sich in China im Laufe von Jahrtausenden entwickelt. Dabei entstanden Küchengeräte wie der Wok, der in seiner Form und Funktion seit drei Jahrtausenden unverändert geblieben und ein Universalgerät in der Küche Chinas ist.

Brat- und Backtemperaturen:

E-Herd	Gas-Herd
160 Grad C	Stufe 1
180 Grad C	Stufe 2
200 Grad C	Stufe 3
220 Grad C	Stufe 4
240 Grad C	Stufe 5

Schwache Hitze ist 160 Grad.
Mittelhitze ist 180 Grad.
Starke Hitze ist über 220 Grad.

Pfannenrühren

Er ist wohl die gebräuchlichste Garmethode in der Chinesischen Küche. Die Zutaten werden grundsätzlich in gleichgroße, mundgerechte Stücke geschnitten und in der Reihenfolge der Gardauer in das heiße Öl gegeben und unter ständigem Rühren, wie im Rezept angegeben, gegart. Das geht in Minutenschnelle. Wenn Lebensmittel wie z. B. Fisch oder Fleisch, die unterschiedliche Garzeiten haben, miteinander gekocht werden sollen, besser getrennt zubereiten und erst am Schluß miteinander vermischen.

Kochen in Flüssigkeit

Das Gargut wird mit allen Zutaten in Flüssigkeit gekocht. Die Garzeit ist genau zu beachten. Der Sud dient als Grundlage für Saucen und Suppen.

Dämpfen

In den Wok Wasser einfüllen, den Dämpfeinsatz hineinstellen und das Wasser zum Kochen bringen. Die Platte oder die Schüssel mit dem Gargut auf den Dämpfeinsatz stellen und den Deckel verschließen. Nach Rezept garen.

Braten in der Sauce

Dabei wird das Gargut erst einmal mit Öl angebraten und nach Hälfte der Garzeit mit Brühe aufgegossen.

Kochen und Braten

Das Gargut wird zuerst gekocht und zum Schluß gebraten. Dadurch bekommt das Gericht eine besondere Note, es ist innen zart und außen knusprig.

Schmoren

Es gibt verschiedene Arten, die wohl bekannteste ist die des »Rot«- und »Weißschmorens«. Beim Rotschmoren wird das Fleisch in einer Sojasaucen-Marinade eingelegt bzw. damit bestrichen und im geschlossenen Topf gegart. Beim Weißschmoren wird das Fleisch nicht angebraten, in Flüssigkeit gegart.

Fritieren

Den Wok bis zur Hälfte mit Öl füllen und auf ca. 190 Grad erhitzen. Mit einem Holzlöffel die »Löffelprobe« machen: das Öl hat die richtige Temperatur, wenn kleine Blasen am Löffel aufsteigen.

Die zu fritierenden Stücke gut trockentupfen und in Mehl oder Speisestärke wenden. Das Fritiergut vorsichtig hineingleiten lassen und mit den Eßstäbchen bewegen, so daß nichts zusammenkleben kann.

Wenn alles schön braun ist, mit dem Sieblöffel herausfischen und auf Küchenpapier abtropfen lassen.

Die Chinesen backen Fritiergut gerne zweimal kurz hintereinander, da es so besonders knusprig wird.

Essen mit Stäbchen will gelernt sein

Mit Stäbchen essen bereitet viel Freude. Als Gastgeber sollte man aber die Technik beherrschen und mit den Stäbchen umgehen können, damit man die Gäste eventuell einweisen kann. Außerdem ist das Essen mit Stäbchen vom gesundheitlichen Aspekt her sehr zu empfehlen, da man automatisch zum langsamen, genußvollen Essen gezwungen wird.

Schritt 1:
Das untere Stäbchen mit dem dicken Ende in die Beuge zwischen Daumen und Zeigefinger legen, auf der Ringfingerspitze abstützen. Dort bleibt es fest liegen und bewegt sich nicht.

Schritt 2:
Das zweite, obere Stäbchen mit Daumen und Zeigefinger festhalten, wobei das Stäbchen auf dem Mittelfinger aufliegt.

Schritt 3:
Das obere Stäbchen liegt wie ein Bleistift zwischen Daumenspitze, Zeige- und Mittelfinger, es bewegt sich frei auf und ab, damit man die Speisen auch aufnehmen kann. Die Stäbchenspitzen müssen immer nebeneinanderliegen, sonst funktioniert es nicht.

Tee und Reiswein

Tee paßt immer - er ist in China ein wichtiger Bestandteil des täglichen Lebens. In manchen Provinzen trinken die Chinesen den Tee zwischendurch, in anderen am Ende eines Essens. Grüner Tee sieht aufgebrüht blaßgold aus und hat ein feines Aroma, es gibt aber auch mit Jasmin, Orangen, Lemon oder Mint parfümierte Tees. Chinesischen Reiswein gibt es in verschiedenen Sorten und Qualitäten, er wird warm zum Essen serviert.

Tee

Die vier wichtigsten Teesorten in China sind:

Grüner Tee
ist in China sehr beliebt, es gibt ihn in vielen Sorten. Wegen seiner Farbe wird er oft in Gläsern zubereitet, er hat ein mild-herbes Aroma. Der Gunpowder-Tea wird in einer Porzellankanne aufgebrüht, da sich so sein feines Aroma besser entfalten kann. Grüner Tee, der ohne Fermentation getrocknet wird, hat einen feinen charakteristischen Geschmack.

Parfümierte Tees
sind feine grüne Tees, die mit getrockneten duftenden Blüten gemischt werden z. B. mit Jasmin, Orchideen, Pfefferminz oder Rosen. Dieser Tee wird meist in einer Tasse mit Deckel aufgebrüht, damit sich der Duft nicht verflüchtigen kann. Man läßt ihn ca. 4 – 5 Minuten ziehen.

Oolong Tee
ist halbfermentiert, daß heißt er ist halb schwarzer Tee und halb grüner Tee und hat die Stärke von schwarzem Tee und das zarte Aroma grünen Tees, es erinnert etwas an Heublumen.

Schwarzer Tee
die fermentierten Blätter werden in Tassen oder in einer Teekanne aufgebrüht. In China wird er meist pur getrunken.

Es gibt unterschiedliche Qualitätseinstufungen, hier die wichtigsten:

Flowery Orange Pekoe

Orange Pekoe

Flowery Broken Orange Pekoe

Orange Fannings und Dust (Teestaub).

Reiswein und andere Getränke

Reisweine gibt es in den unterschiedlichsten Qualitäten, dies kommt hauptsächlich durch die verschiedenen Herstellungsmethoden, aber auch durch die Reinheit der Zutaten, Alter und ähnliches. Ein erstklassiger Wein altert gut, die gelbe Farbe wird dunkler und die Konsistenz dikker.

Zum Kochen wird meist Sherry genommen, der dem Geschmack des Reisweins am nächsten kommt, da Reiswein sehr teuer geworden ist.

Eine Spezialität Nordchinas ist der »Kaoliang«. Er ist meist farblos und wird aus den Körnern des chinesischen Zuckerrohrs hergestellt. Kaoliang ist sehr stark. Es gibt verschiedene Sorten, eine davon wird mit Rosenblättern aromatisiert, der Geschmack erinnert an verblühende Pflanzen.

Unter den Obstbranntweinen, die meist aus Fruchtsäften destilliert werden, gibt es den roten Pflaumenwein, den orangefarbenen Orangenwein und den gelblichen Birnenwein.

Ferner ist noch das chinesische Bier zu erwähnen, es ist leicht und hat einen hohen Malzgehalt.

Sherry in der Chinesischen Küche

Sherry stammt aus einem Anbaugebiet Südspanien rund um die Stadt Jerez, die dem edlen Wein seinen Namen gab.

Es gibt ihn hell oder dunkel, je trockener, desto heller und je dunkler, desto süßer, Ausnahme bestätigen die Regel.

Sherry gibt es in vielen Geschmacksrichtungen:

Sherry Manzanilla – ist extra trocken.

Sherry Fino – ist trocken mit Mandelaroma und der klassische Aperitif-Sherry.

Sherry Amontillado – ist halbtrocken, bernsteinfarben, mild im Geschmack mit feinem Aroma.

Sherry Oloroso – ist meist halbsüß, manchmal trocken, vollmundig mit zartem Nußaroma.

Sherry Cream – ist süß und lieblich, mild im Geschmack, gehaltvoll, dunkel und dickflüssig, er ist schon fast ein Dessertwein.

In der Chinesischen Küche wird hauptsächlich der trockene Sherry zum Kochen verwendet.

Als Aperitif oder statt Reiswein zum Essen wird extra trokkener bis halbtrockener Sherry serviert.

Ein Schuß Sherry an Saucen, Suppen, Brühen und Fonds runden raffiniert ab.

Viele Desserts sind mit süßem Sherry verfeinert.

Exotische Früchte

In der Chinesischen Küche finden viele exotische Früchte Verwendung wie z. B. Lychees, Kumquats, Kiwis usw. Hier werden die wichtigsten vorgestellt:

Ananas
ist die Königin der Früchte und wird in allen tropischen Gebieten angebaut. Sie ist reif, wenn ihre Schale keine grünen Flecken mehr hat, sie auf Druck leicht nachgibt und intensiv duftet. Ihr Geschmack ist süß-sauer. Sie wird zu Desserts, zu Saucen und als Beilage zu Fleisch, Fisch und Geflügel verwendet.

Der Granatapfel
Er sieht aus wie ein roter Apfel, die Schale ist sehr hart. Man kann ihn halbieren und die Kerne mit einem Löffel herausholen oder auspressen. Geeignet als Zutat für Desserts. Die Kerne sind sehr aromatisch, man stellt daraus Grenadine (roter Sirup) her, eine wichtige Zutat zu verschiedenen Cocktails.

Grapefruits
sind eine Kreuzung zwischen Orangen und Zitronen, die rosa Variante ist eine Neuzüchtung. Das Fruchtfleisch wird für Desserts, Saucen und als Beilage zu Fleisch und Geflügel verwendet.

Honig-Zuckermelonen
gehören zu den Kürbisgewächsen. Reife Melonen duften aromatisch und geben leicht nach, wenn man sie mit dem Daumen oben am Blütenansatz drückt. Das Fruchtfleisch ist honigsüß und unterschiedlich von gelb bis zartgrün gefärbt. Verwendung bei Desserts, Salaten und kalten Suppen.

Kiwi
Die Urheimat der Kiwi ist China, sie wird heute noch als »chinesische Stachelbeere« bezeichnet. Die Kiwi hat ein ausgeprägtes Aroma und schmeckt nach einer Mischung aus Stachelbeere, Melone und Erdbeere. Sie muß vor der Verwendung geschält werden. Man kann sie als Dessert, zu Saucen und als Beilagen zu Fleisch, Fisch und Geflügel verwenden.

Kumquats
stammen aus China und sehen aus wie »Zwergorangen«. Sie werden wegen ihres süß- herben Geschmacks sehr geschätzt. Man kann sie mit der Schale essen oder in Scheiben schneiden. Für Desserts oder zu Fisch- und Fleischgerichten.

Limonen (Limetten)
sind eine kleine, dünnschalige, grün-gelbe, sehr würzige Zitronenart mit glatter Oberfläche. Ihr Saft wird für Desserts, Saucen und Drinks verwendet.

Lychees
sind walnußgroß und haben eine von rosa, scharlachrot bis rotbraune lederartige Schale, die sich wie ein Ei schälen läßt.

Lychees haben einen glänzenden Kern, das Fruchtfleisch ist weißlich, sehr saftig und schmeckt etwas nach Sauerkirschen und Weintrauben. Verwendung für Desserts und als Beilage zu Fleisch- und Fischspeisen.

Mango
Ursprünglich in Indien beheimatet. Eine birnenförmige rote oder grüngelbe Frucht, deren großer flacher Kern fest mit dem orangefarbenen Fruchtfleisch verwachsen ist. Dieses ist hocharomatisch und der Geschmack liegt zwischen Aprikose und Ananas. Sie wird für Desserts, Saucen und Chutneys verwendet.

Gemüse in der Chinesischen Küche

Die Kunst des Gemüsekochens ist in China vollkommen und blickt auf eine lange Tradition zurück. Lange bevor die heutige moderne Küche uns ein neues Ernährungsbewußtsein vermittelte, war in der Chinesischen Küche das frische Gemüse schon ein fester Bestandteil der Mahlzeit.

Aubergine
auch »Eierfrucht«genannt, hat eine dunkelviolette Schale und cremefarbenes Fleisch. Auberginen sollte man nie roh verzehren sondern nur gekocht, geschmort, gegrillt oder fritiert. Sie lassen sich gut mit anderen Gemüsen und Kräutern kombinieren.

Broccoli
Er schmeckt feiner als Kohl. Man ißt nicht nur die zartengrünen Röschen, sondern kann auch den fleischigen Strunk kleingeschnitten genießen, der leicht nach Spargel schmeckt. Der Broccoli läßt sich zu vielerlei Gemüsegerichten verarbeiten.

Chinesischer Blütenkohl
Er ist eine Kohlart, die meist pfannengerührt oder blanchiert zubereitet wird, man kann ihn durch Broccoli, Mangold oder Spinat ersetzen. Nicht abgebildet.

Chinakohl
Auch »Pekingkohl« genannt, stammt aus der großen asiatischen Kohlfamilie. Er ist bekömmlicher und schmeckt zarter als gewöhnlicher Kohl. Man kann ihn frisch als Salat, gedünstet oder blanchiert zubereiten.

Bambussprossen
sind die jungen Schößlinge verschiedener Bambusarten. Es gibt sie bei uns in Dosen, man sollte sie jedoch vor Verwendung abspülen.

Bambussprossen werden in vielen chinesischen Gerichten verwendet.

Frühlingszwiebeln
Frühlingszwiebeln oder Lauchzwiebeln sehen wie junger Lauch aus, sind aber Zwiebelgewächse. Sie werden mit dem Grün als Gemüse und als Gewürz verwendet.

Lotoswurzeln
gibt es in Dosen und getrocknet, letztere muß man 30 Minuten in Wasser quellen lassen.

Mangold
ist mit Spinat verwandt. Das Gemüse hat einen breiten, weißen fleischigen Stiel und glänzende breite, kräftig grüne Blätter, die an Spinat erinnern.

Senfgrün
Es gibt viele Senfkohlarten, die nur in speziellen chinesischen Geschäften angeboten werden. Senfgrün schmeckt leicht bitter, als Ersatz kann man Endiviensalat verwenden. Nicht abgebildet.

Schalotten
Sie sind eine Zwiebelart, die ebenso wie der Knoblauch mehrere Zehen unter der obersten Haut aufweisen. Schalotten sind im Geschmack feiner und milder als Zwiebeln.

Sojasprossen
werden aus der Sojabohne oder der Mungobohne gewonnen. Die Sojasprosse ist größer als die Mungobohnensprosse. Man kann Sojasprossen für Salate oder als Gemüse zubereiten, als Salat sollten sie aber vorher kurz blanchiert werden.

Staudensellerie
oder »Bleichsellerie« wächst in Büscheln, hat fleischige, gelbliche bis hellgrüne Stengel und zarte Blätter. Er schmeckt als Salat und als Gemüse.

Szetschuan-Gemüse (Pickles)
wird aus den Knoten und Stielen einer Senfkohlart hergestellt. Es wird gesalzen, mit Chili angesetzt und überträgt seinen Geschmack auf andere Zutaten. Es wird in Dosen oder Gläsern verkauft.

Geeignet als Beilage und zum Abschmecken für scharfe Gerichte aus Fleisch, Gefügel oder Fisch sowie Suppen.

Taro
ist eine braune Wurzelknolle von der Größe einer roten Rübe. Sie wird mit fetten Gerichten wie Schweinefleisch und Entenbraten zubereitet.

Wasserkastanien
sind die walnußgroßen Knollen einer Wasserpflanze mit brauner Schale. Man kann sie bei uns in Dosen kaufen.

Wintermelone
Ihr Fleisch wird beim Kochen glasig, es wird für Schweinefleisch, Geflügel und für Suppen verwendet. Man kann die Wintermelone durch Gemüsekürbis ersetzen. Nicht abgebildet.

Zuckererbsen
sind sehr klein und zart und schmecken leicht süßlich, sie werden mit der Schote gegessen und sind ein besonders edles Gemüse.

Pilze, Nüsse, Tofu und getrocknete Produkte

Austernpilze
Sie sind eine Neuzüchtung. Der beige-braune Pilz wächst auf Holz und hat einen breitkrempigen Hut, mit saftigem Fleisch und aromatischem Geschmack. Der Pilz läßt sich gut bei chinesischen Gerichten einsetzen.

Champignons
Sie haben einen weiß bis rosafarbenen Hut und festes Fleisch. Man sollte sie nur putzen, nicht waschen, da sie sich voll Wasser saugen und beim Garen zäh werden. Roh sind sie geeignet für Salate; gedünstet, gekocht, geschmort und gegrillt für Fleisch, Fisch, Geflügel und Saucen.

Egerlinge
sind eine Neuzüchtung der Champignonfamilie, sie sind bräunlich und haben einen kräftigeren Geschmack.

Sehr gut als Gemüse, für Salate, zum Fritieren und für Saucen zu empfehlen.

Getrocknete Pilze
Sie müssen ca. 30 Minuten in Wasser eingeweicht werden, danach muß man sie noch einmal waschen, da sie oft sandig sind.

Shii-Take Pilze
Sind getrocknete ostasiatische Pilze.

Getrocknete Strohpilze
Sie werden auf Reisstroh gezüchtet und sind mehr wegen ihrer Struktur als wegen ihres Geschmacks bekannt.

Getrocknete chinesische Wolkenohrenpilze (Mu-err)
Diese Baumpilze sind die bekanntesten, werden in Westchina gezüchtet und viel verwendet.

Tongu-Pilze
sind getrocknete chinesische Champignons.

Speisestärke/Maisstärke
ist geschmacklos und wird zum Binden von Saucen, Suppen und Marinaden verwendet; sie verleiht Gerichten eine gelatineartige Konsistenz.

Cashewkerne
sind nierenförmige Nüsse mit einem süßlichen, mandelartigen Geschmack. Gemahlen geeignet als Panade für Fritiergut, für Saucen, Dips und Desserts.

Kokosnüsse
werden geraspelt oder in Form von Kokosnußcreme (konzentrierte Kokosnußmilch) verwendet. Die Raspeln sind geeignet als Panade zum Fritieren, für Saucen, Dips und Desserts. Die Kokosnußcreme kann ebenfalls zum Fritieren verwendet werden.

Lilienknospen (Goldnadeln)
sind schmale, lange goldgelbe Blütenknospen der Lilie, von sehr zartem Geschmack und müssen vor Verwendung 30 Minuten in Wasser eingeweicht werden.

Haifischflossen
Sie werden getrocknet angeboten und müssen 30 Minuten eingeweicht werden.

Tangerinenschale
Sie hat ein unvergleichliches Aroma. Die Schale wird getrocknet angeboten und muß 30 Minuten in kaltem Wasser weichen. Als Ersatz kann man ungespritzte Orangenschalen verwenden.

Ginkgonüsse
Die Fruchtkerne des Ginkgobaumes werden geröstet und als Nüsse gegessen oder aus dem Glas als Beilage zu Fisch verwendet.

Tofu (Bohnenquark)
Quark aus Sojamilch, eine weiße geschmacksneutrale Masse mit hohem Eiweißgehalt.

Bohnenquark, rot fermentiert
Mit Salz und Reiswein vermischt.

Bohnenquark, weiß fermentiert
Mit oder ohne Chili verwenden.

Ganze schwarze Bohnen, fermentiert
Stark gesalzene Sojabohnen, die in Dosen erhältlich sind.

Vor der Verwendung sollte man sie mit Wasser abspülen, damit das Gericht nicht zu salzig wird.

Frische Kräuter und duftende Gewürze von A – Z

Chilis (Cayennepfeffer)
Sie gehören zu den schärfsten Gewürzen, es gibt sie frisch, in grünen oder roten Schoten, getrocknet und gemahlen. Man verwendet sie zu feurigen Fleisch-, Fisch- und Geflügelgerichten, Suppen, Marinaden und Saucen. Vorsichtig anwenden!

Currypulver
ist eine aus Indien stammende Gewürzmischung aus 12 Gewürzen.

Geeignet für Lamm, Geflügel, Fisch, Gemüse und Saucen.

Fünf-Gewürz-Pulver
ist ein rotbräunliches Gewürz aus gemahlenem Sternanis, Fenchel, Zimt, Nelke und Szetschuanpfeffer und wird in der Chinesischen Küche vielfältig verwendet.

Ingwerwurzel
ist die knollige Wurzel einer in China beheimateten schilfartigen Staude. Die dickeren Teile kommen meist kandiert oder in Sirup eingelegt in den Handel, die fingerdicken Triebe als geschälte oder ungeschälte Wurzeln und als Pulver. Ingwer schmeckt und riecht würzig scharf und ist leicht süßlich, das Aroma paßt zu salzigen und süßen Gerichten. Er gehört zu den drei wichtigsten Gewürzen in der Chinesischen Küche.

Kerbel
ist ein aromatisch duftendes, zartes Kraut und ähnelt der Petersilie. Man sollte es nicht mitkochen und erst an die fertigen Speisen geben: Kerbel eignet sich für Salate, Suppen, Saucen und Eiergerichte.

Kresse
Die zarte Gartenkresse gibt es das ganze Jahr über zu kaufen, sie schmeckt etwas scharf, senfähnlich und eignet sich für Salate, Fleisch, Saucen, Eier und Quark.

Knoblauch
ist ein aromatisches, mehrjähriges Zwiebelgewächs und wie der Ingwer und die Frühlingszwiebel ein Hauptbestandteil der Chinesischen Küche. Es gibt ihn frisch, als Granulat und als Paste.

Koriander
gibt es als Kraut, in Körnern und gemahlen. Das starkduftende Kraut ähnelt der Petersilie, schmeckt aber anders, es wird zum Würzen und Dekorieren verwendet. Mit den Körnern würzt man Beizen, Brot und Gebäck; gemahlener Koriander eignet sich für Geflügelfüllungen.

Kreuzkümmel
Der etwas dickere Verwandte des europäischen Kümmels wird meist gemahlen und zum Würzen fetter Speisen sowie Kohl verwendet.

Sambal Oelek
Diese scharfwürzige Paste aus Salz und gemahlenem Chili eignet sich besonders für feurige Gerichte.

Sesamsamen
Der kleine flache Samen der Sesampflanze ist verschlossen fast unbegrenzt haltbar. Er wird in der Chinesischen Küche viel verwendet; Ausgangsprodukt für Sesamöl und Paste.

Sternanis
Ist die getrocknete, achtzackige Stern-Frucht des in China beheimateten Sternanis-Baumes. Er wird hauptsächlich zum Würzen von Fleisch, Geflügel, sowie für Beizen und Marinaden verwendet.

Szetschuanpfeffer
ist eine kleine rotbraune Hülse mit Samenkorn. Es gibt ihn als Hülse, als Korn und gemahlen. Er hat ein starkes Aroma und ist nicht so scharf wie schwarzer Pfeffer, aber intensiver.

Schnittlauch, chinesisch
Er ist stärker im Geschmack und hat flache Blätter, man kann ihn durch unseren Schnittlauch ersetzen.

Geröstete Salz-Pfeffermischung

5 EL Salz
1 EL Szetschuanpfefferkörner
1/2 EL schwarze Pfefferkörner

In einer heißen Pfanne ohne Fett Salz und Pfefferkörner unter Rühren ca. 4 Minuten rösten, bis die Mischung leicht braun wird bzw. zu duften anfängt.

Dann in einen Mörser umfüllen und zerstoßen und anschließend durch ein Sieb schütteln.

Die Gewürzmischung als Dip für Szetschuan Ente oder Hummerkrabben verwenden.

Kokos-Erdnuß Mischung

50 g Erdnußkerne geraspelt
50 g Kokosraspel
1 EL Zucker
1/4 TL Fünf-Gewürz-Pulver

Zubereitung wie »Salz Pfeffermischung«.

Die Mischung braucht nicht durch ein Sieb geschüttelt werden, da die Gewürze bereits gemahlen sind.

Paßt zu Fleisch und Reisgerichten.

Salz und Fünf-Gewürz-Mischung

5 EL Salz
2 EL Fünf-Gewürz-Pulver

Zubereitung wie »Salz Pfeffermischung«.

Die Mischung braucht nicht durch ein Sieb geschüttelt werden, da die Gewürze bereits gemahlen sind.

Die Mischung paßt zu Geflügel und Schweinefleisch.

Pfeffer Zimt Mischung

2 EL gemahlener Zimt
2 EL Ingwerpulver
1/2 TL gemahlener schwarzer Pfeffer
1 Msp. Chilipulver

Zubereitung wie »Salz Pfeffermischung«.

Die Mischung muß jedoch nicht durch ein Sieb geschüttelt werden, da die Gewürze gemahlen sind.

Paßt zu Schweinefleisch und Geflügel.

Saucen, Pasten und Öle

1 Austernsauce
eine dicke, braune Sauce aus Sojasaucen und in Salzwasser gekochten Austern sowie Stärke, Klebreis, Salz und Zucker. Sie hat delikaten Geschmack.

2 Chilisauce
schmeckt scharf, besteht aus Chilis, Essig, Salz und Pflaumen.

3 Fischsauce
hergestellt aus einer Mischung aus Fischextrakt und Salzwasser.

4 Hoisinsauce
eine dickflüssige süße würzige, rotbraune Sauce aus Sojabohnen, Chili, Knoblauch, und Gewürzen. Geeignet für Schweinefleisch, Saucen und Beizen.

5 Pflaumensauce
eine würzig-süße und zugleich scharfe Sauce, aus Chili, Essig, Gewürzen und Zucker.

6 Sojasauce
ist die asiatische Würzsauce schlechthin, sie wird aus der eiweißreichen Sojabohne hergestellt. Es gibt verschiedene Geschmacksrichtungen: hell und dunkel, süß und salzig, aus Japan, Indonesien oder China.

7 Tabasco
ist ein Extrakt aus mexikanischem Chili, wird nur in geringen Mengen verwendet. Geeignet für Suppen, Salate, Saucen, Eintöpfe und Marinaden.

8 Worcestersauce
ist eine englische Würzsauce, geeignet für Suppen, Saucen, Fleisch-, Geflügel- und Fisch.

9 Sesampaste
ist aus gemahlenem Sesamsamen. Geeignet für Fleisch, Fisch, Geflügel und Marinaden.

10 Szetschuan Chilipaste
scharfe Paste aus Gelbe-Bohnensauce und Chilis.

11 Sesamöl
ist ein aromatisches dunkles Öl aus geröstetem Sesamsamen.

12 Sojaöl
wird aus Sojabohnen hergestellt, mit mildem Geschmack. Reich an ungesättigten Fettsäuren.

13 Maiskeimöl
ist aus Zuckermais mit mehrfach ungesättigten Fettsäuren.

14 Erdnußöl
ist ein schweres Öl aus Erdnüssen, mit einfach ungesättigten Fettsäuren.

15 Chiliöl
ist ein Pflanzenöl mit grobgemahlenen Chilischoten.

Grundrezept für Mayonnaise

Für 6 Personen

4 Eigelb
1 EL Essig oder Zitronensaft
1 EL mittelscharfer Senf
300 ml Pflanzenöl
Salz
weißer Pfeffer

Das Eigelb mit einem Schneebesen oder einem elektrischen Handrührgerät verrühren.

Den Essig mit dem Senf verrühren und dazugeben.

Nun das Öl nach und nach, erst tropfenweise, dann mit dünnem Strahl, unter Rühren zugießen, bis die Masse sämig wird.

Mit Salz und frischgemahlenem Pfeffer abschmecken.

Dijon-Senf Mayonnaise

Für 6 Personen

Zutaten und Zubereitung wie »Grundrezept Mayonnaise«, Rezept s. oben.

Zusätzlich 2 EL Dijon-Senf einrühren, dafür den im Grundrezept angegebenen Senf weglassen.

Kräuter Mayonnaise

Für 6 Personen

Zutaten und Zubereitung wie »Grundrezept Mayonnaise«,

Zusätzlich 4 EL gemischte gehackte frische Kräuter wie z. B. Basilikum, Petersilie, Dill, Estragon, Zitronenmelisse usw. unterrühren. Es eigenen sich auch tiefgefrorene Kräuter.

Schnittlauch Mayonnaise

Für 6 Personen

Zutaten und Zubereitung wie »Grundrezept Mayonnaise«, Rezept s. links.

Zusätzlich 1 Bund gewaschenen und in Röllchen geschnittenen Schnittlauch unterrühren.

Knoblauch-Walnuß Mayonnaise

Für 6 Personen

Zutaten und Zubereitung für »Grundrezept Mayonnaise«, Rezept s. links.

Zusätzlich 4 geschälte und durchgepreßte Knoblauchzehen und 2 EL feingehackte Walnüsse unterrühren.

Curry Mayonnaise

Für 6 Personen

Zutaten und Zubereitung wie »Grundrezept Mayonnaise«, Rezept s. links.

Zusätzlich 2 EL Currypulver unterrühren.

Grüne-Pfeffer Mayonnaise

Für 6 Personen

Zutaten und Zubereitung wie »Grundrezept Mayonnaise«,

Zusätzlich mit 1 TL grünem Pfeffer aus dem Glas, 2 EL Schlagsahne und mit 1 Prise Zukker abschmecken. Den weißen Pfeffer weglassen.

Chinesische Mayonnaise

Für 6 Personen

Zutaten und Zubereitung wie »Grundrezept Mayonnaise«, Rezept s. links.

Zusätzlich 1 EL Sojasauce und 3 EL Sesampaste unterrühren.

Süß-saure Sauce

Für 4 – 6 Personen

2 Schalotten
2 Knoblauchzehen
1 Stückchen frische Ingwerwurzel
2 EL Erdnußöl
2 EL helle Sojasauce
2 EL trockener Sherry oder Reiswein
1 EL Essig
3 EL Tomatenketchup
2 EL brauner Zucker
125 ml Orangensaft
1 EL Speisestärke
2 EL Wasser

Die Schalotten, den Knoblauch und den Ingwer schälen, die Schalotten feinwürfeln, den Knoblauch durch die Presse drücken und den Ingwer feinreiben.

Das Öl im Wok erhitzen und die Schalotten, den Knoblauch und den Ingwer 2 Minuten pfannenrühren.

Die Sojasauce, den Sherry, den Essig, das Tomatenketchup, den Zucker und den Orangensaft verrühren, ebenfalls in den Wok geben und aufkochen.

Die Speisestärke mit dem Wasser glattrühren und zugeben.

Alles unter Rühren zum Kochen bringen und 1 Minute pfannenrühren, bis die Sauce eindickt.

Als Sauce zu heißen Vorspeisen und Won-tons.

Zitronen-Sahne Sauce

Zutaten und Zubereitung wie »Joghurt Orangen Sauce.« Den Orangensaft und die Orange weglassen.

Süß-saure Ingwer Sauce

Für 4 – 6 Personen

2 Schalotten
2 Knoblauchzehen
1 frische Ingwerwurzel
2 EL Erdnußöl
2 EL helle Sojasauce
2 EL trockener Sherry oder Reiswein
1 EL Essig
2 EL brauner Zucker
125 ml Wasser
1 EL Speisestärke
2 EL Wasser

Die Schalotten, den Knoblauch und den Ingwer schälen. Die Schalotten feinwürfeln, den Knoblauch durch die Presse drücken und den Ingwer feinhacken.

Das Öl im Wok erhitzen, die Schalotten, den Knoblauch und den Ingwer 2 Minuten pfannenrühren.

Die Sojasauce, den Sherry, den Essig, den Zucker und das Wasser verrühren, ebenfalls in den Wok geben und aufkochen.

Die Speisestärke mit dem Wasser glattrühren, zugeben.

Alles unter Rühren zum Kochen bringen, 1 Minute pfannenrühren, bis die Sauce eindickt.

Paßt zu Vorspeisen, Fisch, Geflügel und Fleisch.

Paprika-Creme »Morgenröte«

250 g Tofu
5 EL Schlagsahne
1 rote Paprikaschote
1 kleine Zwiebel
1 TL helle Sojasauce
1/2 TL Paprikapulver
1/4 TL Currypulver
1 Prise Zucker
Salz
weißer Pfeffer

Den Tofu in eine Schüssel geben und mit der Schlagsahne zu einer Creme rühren.

Die Paprikaschote waschen, putzen, halbieren und entkernen, dann im Mixer pürieren, das Püree zur Tofucreme geben.

Die Zwiebel schälen und ganz feinhacken, ebenfalls zur Creme geben und mit der Sojasauce und den Gewürzen abschmecken.

Crème fraîche-Sauce mit Mandeln

10 g geschälte Mandeln
1 Becher (200 ml) Crème fraîche
2 EL Milch
1 Spritzer Tabasco
Salz
weißer Pfeffer
1/2 Bund Schnittlauch

Die geschälten Mandeln kleinhacken und in einer beschichteten Pfanne ohne Fett leicht anrösten.

Anschließend die Crème fraîche in eine Schüssel geben und die Milch, die Mandeln und die Tabascosauce einrühren.

Mit Salz und frischgemahlenem Pfeffer abschmecken.

Den Schnittlauch waschen und in Röllchen schneiden und zum Schluß in die Sauce rühren.

Eigelb Sauce

3 Eigelb
1 TL Wasser
3 EL Sesamöl
2 EL Speisestärke
1/2 TL Kräuter-Senf
Salz
weißer Pfeffer

Das Eigelb mit dem Wasser verrühren. Das Öl und die Speisestärke in einen kleinen Topf geben und unter Rühren erhitzen.

Den Senf unterrühren und mit Salz abschmecken, rühren bis die Mischung glatt ist.

Nach und nach die Ei-Mischung unter Rühren einlaufen lassen, die Sauce darf nicht mehr kochen, da sie sonst gerinnt.

Eventuell mit frischgemahlenem Pfeffer abschmecken.

Diese Sauce schmeckt sehr gut zu Vorspeisen, Geflügel und Fisch.

Joghurt-Orangen Sauce

1/2 Becher Sahnejoghurt
3 EL Schlagsahne
1 EL Zucker
2 EL Orangensaft
1 TL Zitronensaft
1 EL Orangenlikör
1 Orange

Den Joghurt mit der Schlagsahne verrühren und dann den Zucker, den Orangen-, den Zitronensaft und den Orangenlikör zufügen.

Die Orange filetieren und kleinschneiden, dann unter die Sauce heben.

Die Sauce paßt zu frischen Früchten.

Pfefferminz Sauce

1 Becher (200 ml) Crème fraîche
2 EL Milch
1 TL Zitronensaft
Zucker
Salz
weißer Pfeffer
1 Bund Pfefferminze

Die Crème fraîche in eine Schüssel geben und mit der Milch und dem Zitronensaft verrühren.

Mit Zucker, Salz und frischgemahlenem Pfeffer abschmecken.

Die Pfefferminze waschen, die Blättchen abzupfen und kleinschneiden und zum Schluß unter die Sauce rühren.

Die Sauce paßt sehr gut zu Fisch und Lamm.

Petersilien Sauce

Zutaten und Zubereitung wie »Pfefferminz Sauce«.
Statt der Pfefferminze 1 Bund Petersilie verwenden.

Kantonesische Sauce süß-sauer

Für 4 – 6 Personen

2 Frühlingszwiebeln
2 Knoblauchzehen
1 Stückchen frische Ingwerwurzel
2 EL Erdnußöl
2 EL helle Sojasauce
1 EL Hoisinsauce
2 EL trockener Sherry oder Reiswein
2 EL Essig
3 EL Tomatenketchup
3 EL brauner Zucker
8 EL Ananas- oder Lycheesaft
1 EL Speisestärke
2 EL Wasser

Die Frühlingszwiebeln putzen, waschen und in feine Ringe schneiden.

Den Knoblauch und den Ingwer schälen, den Knoblauch durch die Presse drücken und den Ingwer feinreiben.

Das Öl im Wok erhitzen, die Frühlingszwiebeln, den Knoblauch und den Ingwer 2 Minuten pfannenrühren.

Die Soja-, die Hoisinsauce, den Sherry, den Essig, das Tomatenketchup, den Zucker und den Obstsaft verrühren, ebenfalls in den Wok geben und aufkochen.

Die Speisestärke mit dem Wasser glattrühren, zugeben.

Alles unter Rühren zum Kochen bringen und 1 Minute pfannenrühren, bis die Sauce eindickt. Diese Sauce paßt zu allen Arten von Fleisch, Geflügel, und Fisch.

Würzige Fleischsauce nach Peking-Art

Für 6 Personen

1 kleine Zwiebel
1 Knoblauchzehe
1 Stückchen frische Ingwerwurzel
2 EL Sesamöl
200 g Schweinehackfleisch
2 EL braune Bohnenpaste
2 EL helle Sojasauce
2 EL Hoisinsauce
1 TL Zucker
125 ml Hühnerbrühe
1 EL Speisestärke
2 EL Wasser
Salz
weißer Pfeffer

Die Zwiebel, den Knoblauch und den Ingwer schälen, die Zwiebeln kleinwürfeln, den Knoblauch durch die Presse drücken und den Ingwer in dünne Scheibchen schneiden. Das Öl in den Wok geben und erhitzen, das Fleisch hineingeben und 3 Minuten pfannenrühren. Die Zwiebeln, den Knoblauch, den Ingwer, die Bohnenpaste, die Soja-, die Hoisinsauce, den Zucker und die Brühe zugeben, dann 2 Minuten pfannenrühren. Die Speisestärke in Wasser glattrühren und zugeben. Nochmals aufkochen lassen und rühren, bis die Sauce sämig wird. Mit Salz und Pfeffer würzen. Diese Sauce paßt besonders gut, separat serviert, zu Nudeln und rohem Gemüse.

Joghurt-Orangen Sauce

1/2 Becher Sahnejoghurt
3 EL Schlagsahne
1 EL Zucker
2 EL Orangensaft
1 TL Zitronensaft
1 EL Orangenlikör
1 Orange

Den Joghurt mit der Schlagsahne verrühren und dann den Zucker, den Orangen-, den Zitronensaft und den Orangenlikör zufügen.

Die Orange filetieren und kleinschneiden, dann unter die Sauce heben.

Die Sauce paßt zu frischen Früchten.

Früchte-Sauce

100 g Erdbeeren
100 g Himbeeren
2 EL Zucker
1 EL Zitronensaft
2 EL Schlagsahne

Die Erdbeeren und Himbeeren waschen, putzen, mit dem Zukker und dem Zitronensaft pürieren.

Zum Schluß die Sahne unterziehen.

Paßt zu frischen Obstsalaten.

Tip: Anstelle von Erd- und Himbeeren eignen sich auch Brombeeren, Ananas, Kirschen, Mandarinen oder Lychees.

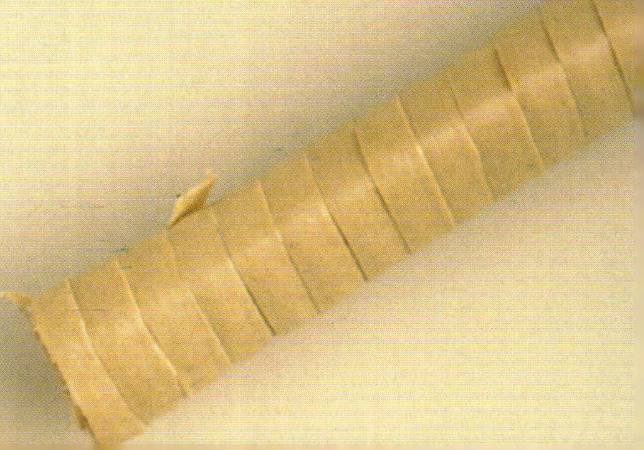

Knoblauch Sauce

4 Knoblauchzehen
1 EL Honig
2 EL helle Sojasauce
2 EL trockener Sherry oder Reiswein
1 EL Tabasco
1 TL Sesamöl

Die Knoblauchzehen schälen und feinhacken.

Die Zutaten in eine Schüssel geben und gut verrühren, besser noch in einem Mixer pürieren.

Paßt gut zu Vorspeisen, Fleisch, Fisch und Geflügel.

Won-ton Sauce

Für 4 – 6 Personen

4 EL helle Sojasauce
3 EL trockener Sherry oder Reiswein
1 TL Hoisinsauce
1 TL Essig
1 TL mittelscharfer Senf

Die Zutaten in eine Schüssel geben und gut verrühren, besser noch in einem Mixer pürieren.

Die Sauce paßt besonders gut zu fritierten Won-tons.

Tofu-Dip Grün-Weiß

250 g Tofu
5 EL Schlagsahne
1 Bund gemischte Kräuter
1 kleine Zwiebel
Salz
weißer Pfeffffer
1 Prise Ingwerpulver
1 TL helle Sojasauce
1 TL Zitronensaft

Den Tofu in eine Schüssel geben und mit der Schlagsahne zu einer Creme rühren. Die Kräuter waschen und feinschneiden, die Zwiebel schälen und feinwürfeln. Kräuter und Zwiebel zu der Creme geben und mit Salz, Pfeffer, der Sojasauce und dem Zitronensaft abschmecken.

Limetten-Dip

1 Becher (200 ml) Crème fraîche
2 EL Schlagsahne
2 EL Limettensaft
2 EL Honig
1 TL Limettenschale

Die Crème fraîche in eine Schüssel geben, die Sahne, den Limettensaft und den Honig einrühren.

Den fertigen Dip mit geriebener Limettenschale bestreuen. Der Dip paßt gut zu frischen Erdbeeren.

Tip: Die Crème fraîche kann durch saure Sahne oder Joghurt ersetzt werden, die Limetten durch Zitronen.

Tomaten-Dip

125 g Tofu
125 ml Tomatensaft
2 EL helle Sojasauce
3 Spritzer Tabasco
Pfeffer
1 TL Basilikum
1 TL Zitronensaft
4 EL Erdnußöl
1 Prise Zucker

Alle Zutaten nacheinander in eine Schüssel geben und mit dem Mixer pürieren.

Dieser Dip paßt zu Krabben, Schweinefleisch, Geflügel und frischem Gemüse.

Öl-Soja-Dip

3 EL Sojaöl
6 EL helle Sojasauce
1 EL Honig
Salz
weißer Pfeffer

Das Öl mit der Sojasauce verrühren, den etwas angewärmten Honig zugeben und mit Salz und Pfeffer abschmecken.

Dieser Dip paßt zu kaltem Fleisch und Fisch.

Knoblauch-Dip

2 Knoblauchzehen
1 EL Honig
2 EL helle Sojasauce
1 EL Hoisinsauce

Die Knoblauchzehen schälen und durch die Presse drücken.

Den Honig etwas erwärmen und mit der Soja- und der Hoisinsauce verrühren, dann den Knoblauch zugeben.

Der Dip paßt zu gekochten und gebratenem Geflügel.

Pflaumen-Dip süß-scharf

100 g Pflaumenmus
100 g Mango Chutney
1 Stückchen frische Ingwerwurzel
1 TL Sojasauce
1 EL Ingwersaft
1 TL Hoisinsauce
1 TL Essig
1/4 TL Chilipulver

Das Pflaumenmus mit dem Chutney verrühren.

Den Ingwer schälen und feinreiben und mit der Sojasauce, dem Ingwersaft, der Hoisinsauce, dem Essig und dem Chilipulver unter die Pflaumen-Chutneymischung rühren.

Paßt sehr gut zu Geflügel und Fleisch.

Ingwer-Dip

1 Stückchen frische Ingwerwurzel
125 ml helle Sojasauce

Den Ingwer schälen und feinreiben.

Die Sojasauce in eine Schüssel geben und den Ingwer unterrühren.

Eine Sauce, die zu fritierten oder ausgebackenen Meeresfrüchten paßt.

Chili-Dip

2 EL chinesische Chilisauce
125 ml helle Sojasauce

Die Chilisauce mit der Sojasauce in einer Schüssel verrühren.

Der Dip paßt zu kalten und warmen Vorspeisen und zu gebackenen Garnelen.

Erdnußbutter-Dip

4 EL Erdnußbutter
3 EL helle Sojasauce
4 EL Sesamöl
2 EL Brühe
1 Prise Chilipulver

Die Erdnußbutter mit der Sojasauce, dem Öl und der Brühe verrühren, danach mit dem Chilipulver abschmecken.

Der Dip paßt zu fritiertem Tofu und Geflügel.

Reis

Dem Reis sollte eigentlich ein eigenes Kapitel gewidmet werden.

In der chinesischen Küche ist die Kochkunst geradezu um den Reis herum drapiert.

Die vier wichtigsten Sorten

Braunreis
ist gereinigt und ausgelesen, aber ungeschliffen. Der Reis enthält alle Mineralstoffe, Spurenelemente, Vitamine und Ballaststoffe. Er ist aber nur begrenzt haltbar, und hat eine lange Kochzeit ca. 45 Minuten.

Braunreis ist in geringen Mengen auf dem Markt und wird als »Naturreis«, »Vollreis« oder »Braunreis« angeboten. Sein Geschmack ist leicht nussig.

Parboiled Reis
enthält trotz schälen alle wichtigen Vitamine und Mineralstoffe. Durch das in Amerika entwikkelte Verfahren werden mittels Dampf und Druck, die in der Silberhaut enthaltene Inhaltsstoffe ins Korninnere verlagert, bevor die Haut abgeschliffen wird. Er läßt sich durch diese Verfahrensweise problemlos zubereiten, denn er kann nicht zusammenkleben und klumpt nicht.

Weißreis
ist gereinigt, ausgelesen und geschliffen. Er sieht strahlend weiß aus, enthält aber entscheidend weniger Inhaltsstoffe als Braun- oder Parboiled Reis. Im Geschmack ist er neutral.

Schnellkochender Reis
ist ein Weißreis der schon vorgegart und dann wieder getrocknet wurde. Er hat eine kurze Kochzeit von 3 – 5 Minuten.

Botanische Grundsorten

Obwohl es mehr als 8.000 verschiedene Reisarten gibt, wird im Handel nur zwischen drei botanischen Grundsorten unterschieden:

Rundkornreis (Klebreis)
ist mit 4 – 5 mm mehr dick als lang und hat einen weichen kalkigen Kern. Rundkornreis kocht weich und klebrig. Er wird fast ausschließlich als Milchreis zubereitet und eignet sich besonders für Nachspeisen, wie Reispudding und auch als Geflügelfüllungen. Rundkornreis gibt es auch als Naturreis.

Mittelkornreis
ist dicker als Langkornreis und ähnelt in seinen Kocheigenschaften denen des Rundkornreises. Er ist auf dem deutschen Markt kaum zu finden.

Langkornreis (Patna Reis)
ist 6 – 8 mm lang. Er kocht trokken und körnig und ist heute das wichtigste Grundnahrungsmittel in China.

Er eignet sich besonders gut für alle gewürzten Reisgerichte, als Suppeneinlage, als Salat oder Beilage.

Wildreis
ist eine kanadische Reisart, welche eigentlich kein Reis, sondern Grassamen ist. Er wächst wild in den eiskalten klaren Seen der Provinz Ontario und wird von indianischen Eingeborenen geerntet.

Der Reis kommt ungeschält in den Handel, schmeckt nussig und ist eine Delikatesse.

Gekochter Reis läßt sich gut im Kühlschrank aufbewahren, er hält dort 3 – 4 Tage. Reisgerichte mit Fisch, Eiern oder Pilzen dürfen nicht länger als 1 Tag im Kühlschrank gelagert werden.

Wenn man den gekühlten Reis wieder erwärmen möchte, gibt man ihn tassenweise in einen Topf und fügt pro Tasse jeweils 2 EL Wasser zu. Der Reis wird auf kleiner Flamme ca. 4 – 5 Minuten erwärmt.

Tiefgekühlter gekochter Reis (Lagerdauer ohne Zutaten 6 – 8 Monate) wird in kochendes Wasser gegeben und 4 – 5 Minuten vorsichtig erwärmt oder noch einfacher in der Mikrowelle aufgetaut und erhitzt.

Nudeln

sind Teiwaren aus Weizen, Reismehl, Buchweizenmehl und Sojabohnen.

Ihr Aussehen reicht von breiten Bändern bis zu dünnen Schnüren, welche immer sehr lang sind, da sie als Symbol für Langlebigkeit gelten.

Je nach Verwendungzweck, werden die Nudeln unterschiedlich zubereitet, sei es als Grundlage für Gerichte oder als selbständiges Essen in Form einer Zwischenmahlzeit. Die Zwischenmahlzeit aus Nudeln ist bei den Chinesen sehr beliebt.

Außerdem finden sie in verschiedenen Suppen Verwendung oder als Grundlage für eine Anzahl köstlicher, unter Rühren gebratener Zusammenstellungen von Hühnerfleisch, streifig geschnittenem Gemüse, Schinken und vielen anderen Zutaten.

Die wichtigsten Nudelarten

Eiernudeln (Dahn min)
sind in China die beliebtesten Nudeln. Sie werden aus Weizenmehl, Eiern und Wasser hergestellt.

Es gibt zwei verschiedene Formen von Eiernudeln: Dünne Fadennudeln und breite Bandnudeln. Frische Nudeln halten im Kühlschrank ca. 1 Woche, wogegen getrocknete Nudeln gut verpackt monatelang haltbar sind. Chinesische Nudeln können bei uns durch einheimische ersetzt werden, der Unterschied ist lediglich, daß die chinesischen bedingt durch die Mehlsorte elastischer sind. Sie werden zu Pfannengerichten gereicht, zu Suppen oder zu geschmorten Nudelgerichten weiterverarbeitet.

Glasnudeln – Glasvermicelli (Fun see)
sind aus gemahlenen Mungobohnen und werden in geschnürten Bündeln verkauft. Sie müssen vor Gebrauch eingeweicht werden, da sie sehr hart sind. Trocken aufbewahrt, sind sie unbegrenzt haltbar. Sie werden vorwiegend als Beilage und Suppeneinlage verwendet.

Buchweizennudeln
sind sehr dünne beigefarbene Bandnudeln. Sie bestehen aus Buchweizenmehl und Wasser und sind getrocknet in Chinaläden erhältlich.

Reisnudeln (Ho fun)
gibt es frisch oder getrocknet. Der Teig besteht aus Reismehl und Wasser.Die frischen Nudeln müssen innerhalb von 2 Tagen verbraucht werden. Die getrockneten halten zwar länger, schmecken aber nicht so gut, sie müssen bis zu 1 Stunde in kaltem Wasser eingeweicht, abgegossen und dann in kochendem Wasser 6 – 10 Minuten gegart werden. Ab der 6. Minute prüfen, ob sie gar sind, dann abgießen, mit kaltem Wasser abschrecken und abtropfen lassen. Man kann sie dann braten oder als Suppeneinlage verwenden.

U-Dong Nudeln
sind weißlich und etwa 3 mm breit. Sie ähneln den Buchweizennudeln, bestehen aber nur aus Weizenmehl und Wasser.

Yi-Nudeln
Yifu-Nudeln
sind zu einem Kranz geflochtene Eiernudeln, die bereits fritiert im Handel erhältlich sind. Kühl gelagert halten sie ca. 2 Wochen.

Teighüllen

Zu den in China am verbreitetsten Teigwaren gehören speziell die Frühlingsrollen Hüllen und die Won-ton Hüllen.

Frühlingsrollen Hüllen
werden frisch oder tiefgefroren verkauft, sie lassen sich aufgetaut leicht trennen. Es gibt 2 verschiedene Arten: die kantonesische, die glatt wie Nudelteig ist und die Schanghai-Variante, die dünn und transparent wie Reispapier ist.

Won-ton Hüllen
sie werden aus Weizenmehl, Salz, Eiern und Wasser hergestellt.

Man kann sie frisch im Handel beziehen, sie lassen sich gut einfrieren.

Tientsin Fen-pai
sind runde, transparente Fladen, eine Mischung zwischen Glas- und Reisnudeln. Sie werden aus gemahlenen Mungobohnen und Wasser hergestellt und halten getrocknet, mehrere Monate.

Grundrezepte für selbstgemachte Nudeln

Eiernudeln

300 g Weizenmehl
1 Prise Salz
1 Ei
125 ml Wasser
1 EL Pflanzenöl

Das Mehl in eine Schüssel sieben.

Das Salz zugeben und mit dem Ei, dem Wasser und dem Öl zu einem geschmeidigen Teig verarbeiten.

Zugedeckt ca. 30 Minuten an einem kühlen Ort ruhen lassen.

Die Arbeitsfläche mit etwas Mehl bestäuben und den Teig mit einer Teigrolle, möglichst dünn ausrollen.

Den Teig nun entsprechend der späteren Verwendungsform zurechtschneiden.

Einfacher Nudelteig

300 g Weizenmehl
1 Prise Salz
125 ml Wasser

Das Mehl in eine Schüssel sieben.

Das Salz zugeben und mit dem Wasser zu einem glatten Teig verarbeiten.

Zugedeckt ca. 1 Stunde an einem kühlen Ort ruhen lassen.

Die Arbeitsfläche mit Mehl bestäuben, den Teig nochmals durchkneten und zu einer ca. 4 cm dicken Rolle formen.

Mit einem Messer Scheiben abschneiden, diese dünn ausrollen und nach Wunsch füllen und garen.

Garmethoden für Nudeln

Eiernudeln
Es ist wichtig die Nudeln zuerst ca. 10 Minuten in heißem Wasser

einzuweichen, damit sich die einzelnen Stränge voneinander trennen und die Nudeln später gleichmäßig garen können.

Danach die Nudeln in kochendes Wasser geben, 1 EL Öl zufügen (verhindert das Überkochen) und aufkochen lassen.

Feine Nudeln ca. 2 – 3 Minuten, breite ca. 3 – 4 Minuten, auf keinen Fall aber länger kochen lassen.

Abgießen und mit kaltem Wasser abschrecken.

Band-Reisnudeln
Getrocknete Reisnudeln müssen je nach Stärke zwischen 30 Minuten und 60 Minuten in kaltem Wasser eingeweicht werden.

In kochendem Wasser dann 6 – 10 Minuten gar kochen. Nach 6 Minuten prüfen ob die Nudeln gar sind.

Abgießen und mit kaltem Wasser abschrecken.

Buchweizennudeln
U-Dong-Nudeln
In kochendem Wasser einige Minuten ziehen lassen.

Abgießen und mit kaltem Wasser abschrecken.

Glasnudeln
Im getrockneten Zustand müssen sie vor dem Gebrauch ca. 20 Minuten in heißem Wasser eingeweicht werden.

Danach abgießen und die Nudeln ca. 15 Minuten in kochendem Wasser garen.

Abgießen und mit kaltem Wasser abschrecken.

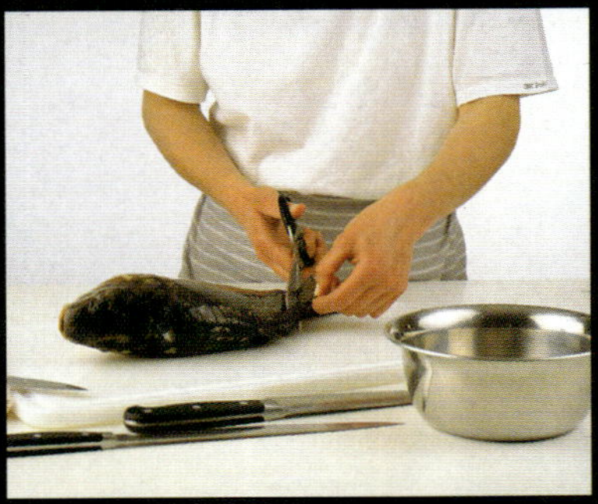

Schritt 1:
Den Karpfen unter fließendem kalten Wasser abspülen, ohne die Schleimhaut zu verletzen, wenn er ganz verarbeitet werden soll. Den Fisch schuppen und die Flossen abschneiden, wenn er in Stücke zerteilt wird.

Schritt 2:
Mit einem Messer oder der Küchenschere vom After her bis zum Kopf vorsichtig aufschneiden, damit die Galle nicht verletzt wird. Die Eingeweide herausziehen und am Schlund mit einer Küchenschere abschneiden.

Schritt 3:
Den Kopf abtrennen, je nach Verwendung. Den Fisch von innen und außen nochmals gründlich waschen, dann trockentupfen. Den Kopf eventuell zum Kochen eines Fischsuds mitverwenden.

Schritt 4:
Den Karpfen quer in Portionsstücke teilen, dazu den Fisch flach auf ein Holzbrett legen, den Kopf abtrennen und mit einem scharfen Messer in Stücke zerteilen.

Schritt 5:
Die Karpfenfilets am besten mit einem Filetier-Messer von der Gräte lösen und die Haut abziehen.

Schritt 6:
Die Karpfenstücke speziell für die chinesische Küche in mundgerechte Streifen oder Würfel schneiden.

Garnelen oder Shrimps aus der Schale lösen

Schritt 1:
Die Garnelen am Kopf und Schwanz fassen und mit einer drehenden Bewegung vom Körper trennen.

Schritt 2:
Den Panzer mit Daumen und Zeigefinger zusammendrücken bis es knackt.

Schritt 3:
Mit beiden Händen von der Unterseite aufbrechen und das Fleisch freilegen.

Schritt 4:
Mit einem scharfen Messer auf der Rückseite, oben wo der Kopf saß, einen kleinen Schnitt anbringen.

Schritt 5:
Den Darm mit Daumen und Zeigefinger herausziehen.

Ente tranchieren

Schritt 1:
Die gebratene Ente mit der Brust nach oben auf ein Brett legen. Die Schenkel etwas von der Ente abziehen und die Haut zwischen Oberschenkel und Rumpf mit einem scharfen Küchenmesser durchtrennen. Den Schenkel nach außen biegen, bis die Gelenkkugel herausspringt und durchschneiden. Den Schenkel auf das Brett legen, nochmal durchschneiden.

Schritt 2:
Den Flügel gegen den Rumpf drücken, dann zwischen Gelenkkugel und Pfanne einen Schnitt machen, den Flügel nach außen ziehen und die Haut am unteren Ende durchschneiden. Den zweiten Flügel genauso abtrennen.

Schritt 3:
Den Rumpf spaltet man, indem man ihn parallel zum Rückgrat mit einer Geflügelschere oder einem scharfen nicht zu kleinen Messer durchtrennt.

Schritt 4:
Die Brust herausschneiden, indem man sie mit einem scharfen Messer zwischen Knochen und Fleisch herauslöst, das Rückgrat herausschneiden.

Schritt 5:
Die Stücke vom Rücken quer in ca. 4 cm große Stücke schneiden, ebenso die Brust, damit man sie gut mit den Stäbchen halten kann.

Schritt 6:
Das Geflügel wieder zusammensetzen und die Entenbruststücke auf dem Rückenfleisch anrichten. Nach diesem Schema kann man fast alle Geflügelarten anrichten.

Hähnchen zerlegen

Schritt 1:
Nach diesem Schema kann man alle Geflügelarten zerlegen. Größeres Geflügel für die chinesische Küche mundgerecht zerlegen. Die Schenkel etwas vom Rumpf abwinkeln und mit einem Schlag des Hackbeils zwischen Gelenk und Pfanne durchtrennen.

Schritt 2:
Den Flügel mit der Hand wegziehen, so daß er abgewinkelt zum Rumpf steht, dann mit einem scharfen Messer oder Hackbeil zwischen Gelenk und Pfanne durchtrennen. Mit dem anderen Flügel genauso verfahren.

Schritt 3:
Das ganze Hähnchen mit der Brust nach oben auf ein Brett legen und mit einem scharfen Messer oder Hackbeil der Länge nach halbieren.

Schritt 4:
Die Brust jeweils links und rechts vom Knochen herausschneiden, indem man sie mit einem scharfen Messer zwischen Rückgrat und Fleisch herauslöst.

Schritt 5:
Bei einem mittelgroßen Hähnchen erhält man nach dieser Methode 6 Teile.

Schritt 6:
Für die chinesische Küche diese Stücke nochmals in 3–4 cm große mundgerechte Stücke zerteilen.

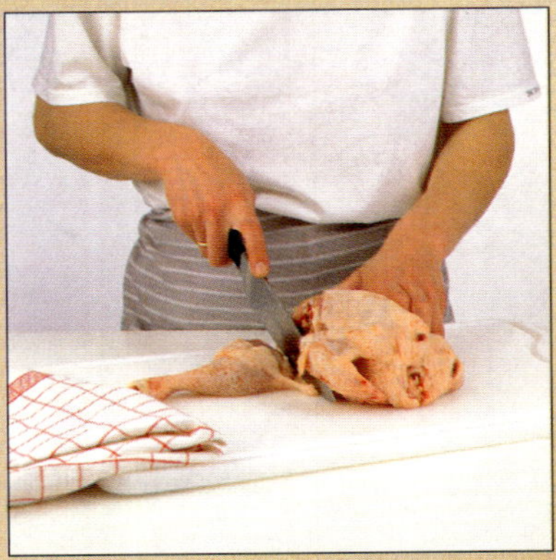

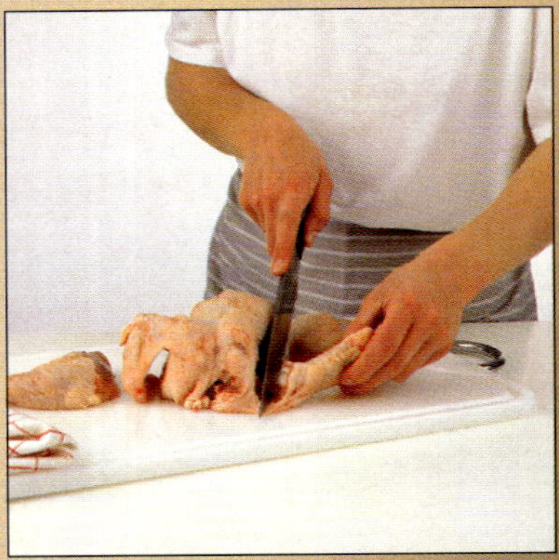

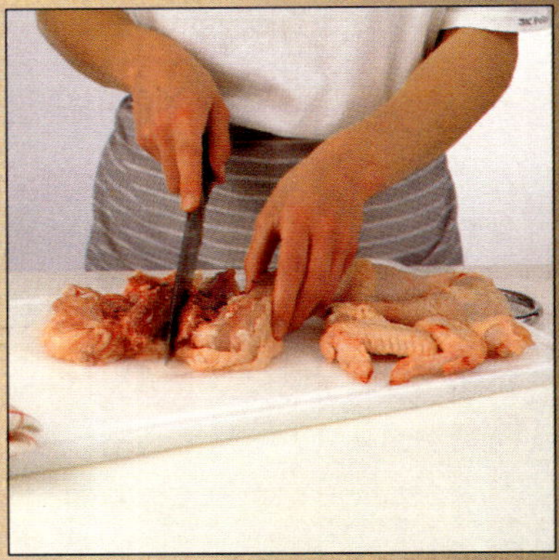

Won-ton-Suppe

Für 12 Personen

Für den Nudelteig:
- *250 g Mehl*
- *3 Eier*
- *Salz*
- *Mehl zum Ausrollen*

Für die Füllung:
- *8 getrocknete chinesische Champignons (Tongu-Pilze)*
- *3 EL Sesamöl*
- *500 g Schweinehackfleisch*
- *50 g Bambussprossen aus der Dose*
- *1 TL eingelegten Ingwer*
- *2 EL helle Sojasauce*
- *1 TL Salz*
- *1 TL Speisestärke*

Außerdem:
2,5 l Hühnerbrühe
125 g Spinat
125 g Chinakohl
50 g Kresse
1 Bund Frühlingszwiebeln

Das Mehl sieben, mit den Eiern und dem Salz zu einem festen Nudelteig verarbeiten. 1 Stunde kaltstellen.

Die chinesischen Pilze ca. 30 Minuten in Wasser einweichen, dann ausdrücken, die Stiele entfernen und die Hüte vierteln.

In der Zwischenzeit die Füllung zubereiten. Das Öl in einer Pfanne oder im Wok erhitzen, das Hackfleisch kurz anbraten und mit einer Gabel in kleine Stücke zerteilen. Die Pilze, die abgetropften, kleingeschnittenen Bambussprossen, den Ingwer, die Sojasauce, das Salz und die mit etwas Pilzwasser angerührte Speisestärke dazugeben, kurz aufkochen und beiseite stellen, auskühlen lassen.

Den Nudelteig hauchdünn ausrollen, in ca. 6 x 6 cm Quadrate schneiden und auf jedes Teigstück 1 gehäuften TL von der Füllung geben.

Die Quadrate diagonal zu Dreiecken zusammenlegen, die beiden seitlichen Ecken übereinanderfalten und fest zusammendrücken.

Die Brühe zum Kochen bringen und den geputzten, von groben Stielen befreiten und gewaschenen Spinat, den gewaschenen und in kleine Stücke geschnittenen Chinakohl, die gewaschenen, mit einer Schere abgeschnittenen Kresseblättchen, die in Ringe geschnittenen Frühlingszwiebeln und die Teigtaschen zur Brühe geben, aufkochen und 5 Minuten ziehen lassen.

Haifischflossen-Suppe

Für 8 Personen

2 Dosen Haifischflossen
2 l Hühnerbrühe
500 g gekochtes Hühnerfleisch
4 EL helle Sojasauce
Salz
Pfeffer
4 EL trockener Sherry oder Reiswein
2 EL Speisestärke
4 EL Wasser
2 Eiweiß
6 Frühlingszwiebeln

Die Haifischflossen aus der Dose nehmen und abtropfen lassen.

Die Brühe in einen Topf geben und mit den Haifischflossen erhitzen.

Das gekochte Hühnerfleisch kleinschneiden, mit Sojasauce und Sherry zur Brühe geben. Mit Salz und Pfeffer abschmecken.

Die Speisestärke in kaltem Wasser anrühren und unter Rühren zur Suppe geben. Nochmals aufkochen lassen, bis sie leicht andickt.

Das Eiweiß verquirlen und vorsichtig in die kochende Suppe einlaufen lassen, am besten mit zwei Eßstäbchen umrühren, so daß es in Fäden stockt.

Die Frühlingszwiebeln waschen und in feine Ringe schneiden. Die Suppe in eine Terrine gießen und mit den Frühlingszwiebeln bestreuen auftragen.

Meeresfrüchte-Suppe

Für 8 Personen

2 l Hühnerbrühe
80 g Langkornreis
250 g Seezungenfilet
250 g Krebsfleisch
250 g Tintenfisch
4 Schalotten
2 EL Sesamöl
2 EL helle Sojasauce
Salz
weißer Pfeffer

Die Brühe zum Kochen bringen, den Reis zugeben und aufkochen lassen.

Das Seezungenfilet in Streifen schneiden. Das Krebsfleisch zerkleinern und den gesäuberten Tintenfisch in nicht zu große Würfel schneiden.

Die Schalotten schälen und in Ringe schneiden.

Den Fisch, das Krebsfleisch und die Tintenfischwürfel mit den Schalotten, Öl und Sojasauce zum Reis geben, aufkochen und 20 Minuten ziehen lassen. Mit Salz und frischgemahlenem Pfeffer abschmecken.

Tip: Im Schnellkochtopf die Zutaten wie oben vorbereiten, 1 l kaltes Wasser zufügen und die Brühe 30 Minuten kochen. Nach Fertigstellung auf 2 l Flüssigkeit auffüllen.

Gemüsesuppe mit Glasnudeln

6 getrocknete chinesische Champignons (Tongu-Pilze)
100 g Glasnudeln
2 Karotten
1 Stange Lauch
100 g Egerlinge
2 EL Erdnußöl
1 l Fleischbrühe
2 EL helle Sojasauce
Salz
weißer Pfeffer
1/2 TL Sambal Oelek

Die Pilze ca. 30 Minuten in kaltem Wasser einweichen, herausnehmen, die Stiele entfernen und kleinschneiden.

Die Nudeln ebenfalls in Wasser einweichen, dann mit der Haushaltsschere in kleine Stücke schneiden, beiseite stellen.

Das Gemüse putzen, waschen und in feine Streifen schneiden.

Die Egerlinge putzen und blättrig aufschneiden.

Das Öl in einer Pfanne oder im Wok erhitzen und die Pilze, das Gemüse und die Egerlinge darin kurz andünsten.

Die Brühe in einen Topf gießen und die Glasnudeln darin 8 Minuten kochen. Das Gemüse und die Pilze zugeben und mit der Sojasauce, dem Salz, dem frischgemahlenen Pfeffer und Sambal Oelek abschmecken.

Sauer-scharfe Suppe

6 getrocknete chinesische Champignons (Tongu-Pilze)
150 g mageres Schweinefleisch
100 g Bambussprossen aus der Dose
125 g Tofu
1 l Hühnerbrühe
1 EL dunkle Sojasauce
2 EL Essig
1 EL Speisestärke
3 EL kalte Brühe
1 TL Chiliöl
2 Eier
1 EL Sesamöl
2 Frühlingszwiebeln
Salz
weißer Pfeffer

Die Pilze ca. 30 Minuten in kaltem Wasser einweichen.

Das Schweinefleisch in dünne Streifen schneiden, ebenso die abgetropften Bambussprossen.

Den Tofu würfeln und die ausgedrückten Pilze in feine Streifen schneiden.

Die Brühe in einem Topf zum Kochen bringen und das Fleisch mit den Bambussprossen hineingeben, 5 Minuten ziehen lassen.

Die Sojasauce mit dem Essig, der Speisestärke, der kalten Brühe und dem Chiliöl verrühren, in die heiße Brühe gießen und nochmals aufkochen lassen. Die Eier verquirlen und unter Rühren zugießen.

Die Suppe vom Herd nehmen, das Sesamöl, die gewaschenen in Ringe geschnittenen Frühlingszwiebeln und die Tofuwürfel zufügen.

Mit Salz und dem frischgemahlenen Pfeffer abschmecken.

Heiß servieren.

Chinesische Suppe süß-sauer

6 getrocknete chinesische Champignons (Tongu-Pilze)
150 g mageres Schweinefleisch
200 g Sojasprossen
1 l Hühnerbrühe
1 EL dunkle Sojasauce
2 EL Tomatenketchup
2 EL Essig
1 EL Speisestärke
3 EL kalte Brühe
3 EL Zucker
1 EL Sesamöl
2 Frühlingszwiebeln
Salz
weißer Pfeffer

Die Pilze einweichen. Das Schweinefleisch in Streifen schneiden, die Sojasprossen waschen und abtropfen.

Pilze in Streifen schneiden.

Die Brühe in einem Topf zum Kochen bringen und das Fleisch mit den Sojasprossen hineingeben, 5 Minuten ziehen lassen.

Die Sojasauce mit Ketchup, Essig, Speisestärke, Brühe und dem Zucker verrühren, in die heiße Brühe gießen und aufkochen. Das Sesamöl und die gewaschenen in Ringe geschnittenen Frühlingszwiebeln zufügen.

Mit Salz und Pfeffer abschmecken. Heiß servieren.

Tomatencremesuppe mit Sojasprossen

Für 4 – 6 Personen
2 Zwiebeln
1 Knoblauchzehe
2 EL Butter
1 große Dose geschälte Tomaten
1 l Fleischbrühe
Salz
weißer Pfeffer
1 Dose Sojasprossen
4 EL Crème fraîche
4 Champignons

Die Zwiebeln und die Knoblauchzehe schälen, in Würfel schneiden, bzw. hacken.

Die Butter in einem Topf erhitzen und die Zwiebel- und Knoblauchwürfel darin goldgelb anbraten.

Die Tomaten mit dem Saft durch ein Sieb streichen und zu den Zwiebeln geben.

Mit der Brühe aufgießen und mit Salz und Pfeffer abschmecken.

Die Sojasprossen abgießen, waschen und abtropfen lassen, dann zur Tomatensuppe geben und ein paar Minuten leicht mitkochen lassen.

Die Suppe auf 4–6 Suppenschalen verteilen, jeweils 1 EL Crème fraîche darauf geben und die rohen gewaschenen, geputzten Champignons darüberhobeln. Sofort servieren.

Sojasprossen-Suppe

1 l Hühnerbrühe
1 EL Speisestärke
3 EL Wasser
1 Prise Zucker
1 EL helle Sojasauce
1 Spritzer Tabasco
Salz
weißer Pfeffer
1 Glas Sojasprossen
2 Eigelb
2 EL saure Sahne
1 EL gehackte Haselnüsse
1 EL Butter

Die Brühe in einem Topf erhitzen.

Die Speisestärke mit kaltem Wasser anrühren und unter die heiße Brühe rühren. Nochmals aufkochen lassen bis sie etwas eindickt.

Mit Zucker, der Soja- und Tabascosauce, dem Salz und frischgemahlenem Pfeffer abschmecken.

Die Sojasprossen abgießen, waschen und abtropfen lassen und zur Suppe geben.

Aufkochen und ca. 3 Minuten leicht köcheln lassen.

Die Suppe vom Herd nehmen.

Das Eigelb mit der Sahne vermischen und unter die nicht mehr kochende Suppe rühren.

Die Nüsse kleinhacken, die Butter in einer Pfanne erhitzen und die Nüsse leicht anrösten.

Vor dem Servieren die Nüsse über die Suppe streuen.

Sojasprossen-Spinat Salat

250 g Blattspinat
1 Glas Sojasprossen
2 Karotten

Für die Sauce:
1 Bund Schnittlauch
2 EL dunkle Sojasauce
3 EL Obstessig
2 EL Sesamöl
2 TL Zucker
Salz
weißer Pfeffer

Außerdem:
2 EL Sesamsamen
1 EL Butter

Die Spinatblätter waschen und verlesen. Im kochenden Salzwasser blanchieren, sofort kalt abschrecken, abtropfen lassen und in Streifen schneiden.

Die Sojasprossen abgießen, waschen und abtropfen lassen.

Die Karotten schälen und feinraspeln. Die Spinatstreifen, Sojasprossen und Karotten mischen. Den Schnittlauch waschen und in Röllchen schneiden, mit der Sojasauce, dem Obstessig, dem Sesamöl, dem Zucker, dem Salz und dem frischgemahlenen Pfeffer ein Salatdressing rühren, über den Salat verteilen und durchmischen.

Die Butter in einer Pfanne erhitzen und die Sesamsamen darin leicht anrösten; über den fertigen Salat streuen und servieren.

Sojasprossensalat mit Krabben und Orangenfilets

1 Glas Sojasprossen
2 Orangen
250 g Chicorée
100 g Krabbenfleisch, frisch oder aus der Dose

Für die Sauce:
2 EL Crème fraîche
8 EL Schlagsahne
2 EL Tomatenketchup
Cayennepfeffer
2 EL Walnußkerne

Die Sojasprossen abgießen, waschen, abtropfen lassen und beiseite stellen.

Die Orangen bis auf das Fruchtfleisch schälen, es darf keine weiße Haut mehr daran sein und die Orangen filetieren.

Den Chicorée putzen, den festen, bitteren Keil herausschneiden, waschen und in feine Ringe schneiden. Die Sojasprossen, mit den Orangenfilets, dem Chicorée und dem Krabbenfleisch mischen.

Die Crème fraîche mit der Sahne und dem Ketchup verrühren, mit Cayennepfeffer abschmecken und die Sauce über den Salat gießen.

Die Walnußkerne hacken und über den Salat streuen.

Frühlingsrollen

Für 12 Personen

Rezept und Zutaten für den Grundteig: Nudelteig »Won-ton Suppe«.

Schweinefleischfüllung mit Gemüse

- *150 g frische Sojasprossen*
- *200 g Schweinefleisch*
- *1 rote Paprikaschote*
- *1 Stange Lauch*
- *2 EL Sojaöl*
- *1 TL Speisestärke*
- *etwas Wasser*
- *2 EL helle Sojasauce*
- *1 EL trockener Sherry oder Reiswein*
- *1 TL Zucker*
- *Salz*
- *weißer Pfeffer*

Die Sojasprossen waschen und abtropfen lassen, beiseite stellen.

Das Schweinefleisch in feine Streifen schneiden oder zu Hackfleisch durch den Fleischwolf drehen.

Die Paprikaschote waschen, entkernen und ebenfalls in feine Streifen schneiden.

Den Lauch waschen und in feine Ringe schneiden.

Das Öl in einer Pfanne erhitzen und das Schweinefleisch mit dem kleingeschnittenen Gemüse zufügen und ca. 4 Minuten anbraten, zum Schluß erst die Sojasprossen beifügen und nochmals aufkochen.

Die Speisestärke mit dem Wasser anrühren und unter die heiße Masse geben.

Mit der Sojasauce, Sherry, Zucker, Salz und Pfeffer abschmecken, nochmals erhitzen.

Die Füllung auskühlen lassen und in die Teigblätter füllen.

Hühnerfleischfüllung mit Gemüse

- *3 getrocknete chinesische Champignons (Tongu-Pilze)*
- *50 g Bambussprossen aus dem Glas*
- *100 g Mungobohnensprossen*
- *2 Frühlingszwiebeln*
- *200 g Hühnerbrust*
- *2 EL Sojaöl*
- *1 TL Speisestärke*
- *etwas Wasser*
- *2 EL helle Sojasauce*
- *1 EL trockener Sherry oder Reiswein*
- *1 TL Zucker*
- *Salz*
- *weißer Pfeffer*

Die Pilze ca. 30 Minuten in Wasser einweichen.

Die Bambussprossen abtropfen lassen und in feine Streifen schneiden. Die Bohnensprossen 30 Sekunden in kochendem Wasser blanchieren und kalt abschrecken. Die Frühlingszwiebeln putzen, waschen und in Ringe schneiden.

Die Hühnerbrust in dünne Streifen schneiden.

Das Öl in einer Pfanne erhitzen und die Hühnerbrust mit den Bambussprossen und den Zwiebeln ca. 2 Minuten unter Rühren anbraten.

Die Pilze ausdrücken, die Stiele entfernen und die Hüte in Streifen schneiden, mit den Bohnensprossen zum Hühnerfleisch geben.

Die Speisestärke mit etwas Wasser anrühren, dazugeben und aufkochen lassen.

Mit Sojasauce, Sherry, Zukker, Salz und Pfeffer abschmekken.

Die Füllung auskühlen lassen und dann in die Teigblätter fül-

Gemüsefüllung, vegetarisch

25 g getrocknete Wolkenohrenpilze (Mu-err)
4 getrocknete chinesische Champignons (Tongu-Pilze)
500 g Tofu
1/2 TL Salz
1/2 EL Hoisinsauce
100 g Sojasprossen aus dem Glas

Die Pilze ca. 30 Minuten in Wasser einweichen.Den Tofu kleinwürfeln und in eine Schüssel geben.Die Pilze etwas ausdrücken, die Stiele bei den Tongu Pilzen entfernen, die Hüte in feine Streifen schneiden.

Die Pilze zum Tofu geben und verrühren.Mit Salz und Hoisinsauce abschmecken.Die Sojasprossen abgießen, waschen und abtropfen lassen und unter den Tofu rühren.

Diese Füllung dann in die vorbereiteten Teigblätter füllen.

Das Füllen der Frühlingsrollen:

Den Teig hauchdünn ausrollen und in ca. 7 cm große Quadrate schneiden.

2 Eßlöffel von der Füllung, knapp unterhalb der Mitte , der Länge nach auf die Teigblättchen legen. Nun das untere Teigende darüberfalten und die Seiten von links und rechts darüberschlagen, dann zusammenrollen.

Den Teigrand mit etwas verrührtem Eiweiß festkleben und gut andrücken.

Das Fritieren der Frühlingsrollen:

Ca. 750 ml Pflanzenfett oder Öl in einer Friteuse oder dem Wok heiß werden lassen. Die Temperatur ist erreicht, ca. 190 Grad, wenn man einen Holzkochlöffel ins heiße Fett taucht und an diesem dann kleine Blasen aufsteigen.Ca. 4 Rollen, je nach Größe der Friteuse, einlegen und 4 Minuten bräunen, bis die Rollen eine schöne hellbraune Farbe angenommen haben.

Die Rollen herausheben und auf Küchenpapier abtropfen lassen. Sofort heiß servieren.

Das Braten der Frühlingsrollen im Topf oder Pfanne:

Genügend Pflanzenfett oder Öl – sie sollten schwimmen – in einen Topf geben, mit dem Kochlöffel die Temperaturprobe machen, und die Rollen vorsichtig einlegen, ca. 2 Minuten bei voller Hitze anbraten, dann noch mal 2 Minuten bei zurückgeschalteter Platte weiterbräunen lassen. Herausnehmen und auf Haushaltspapier abtropfen lassen. Sofort heiß eventuell mit Sojasauce servieren.

Salat mit Entenbrust

Für 8 Personen

20 g getrocknete chinesische Champignons (Tongu-Pilze)
2 Entenbrüste
3 EL Sojaöl
200 g Reisnudeln
1 El Sojaöl
1 TL Speisestärke
2 EL Wasser
125 ml Hühnerbrühe
Je 1/2 rote und 1/2 gelbe Paprikaschote
80 g Karotten
100 g Lauch
150 g Sojasprossen
80 g Bambussprossen aus dem Glas

Für die Sauce:
1 EL Essig
2 EL Sesamöl
2 EL helle Sojasauce
Salz
weißer Pfeffer

Die Pilze ca. 30 Minuten in kaltem Wasser einweichen, danach ausdrücken, die Stiele entfernen und die Hüte vierteln.

Das Öl in der Pfanne erhitzen und die Entenbrüste von beiden Seiten kurz anbraten, so daß sie innen noch rosa sind und kaltstellen.

Gleichzeitig die Nudeln erst einmal 1 Stunde in kaltem Wasser einweichen, sie garen gleichmäßiger, als wenn man sie direkt ins kochende Wasser gibt.

Die Nudeln dann in 2 l kochendes Salzwasser, dem das Öl zugesetzt wurde, einlegen und ca. 6 – 10 Minuten unter gelegentlichem Umrühren leicht sprudelnd kochen lassen. Ab der 6. Minute prüfen, ob sie gar sind.

Das Nudelwasser abgießen, die Nudeln in ein Sieb schütten, kalt abschrecken, abtropfen lassen und in den Topf zurückschütten.

Die Speisestärke mit Wasser glattrühren und in die kochende Brühe einrühren. Danach abkühlen lassen.

Die Paprikaschoten, die Karotten und den Lauch putzen, bzw. schälen, entkernen, waschen und in feine Streifen schneiden.

Die Karotten und die Sojasprossen in kochendem Wasser kurz blanchieren und kalt abschrecken.

Die Bambussprossen abtropfen lassen und ebenfalls in feine Streifen schneiden.

Die Butter im Wok erhitzen und die Paprikastreifen 2 Minuten andünsten, dann das restliche Gemüse und die Pilze zugeben und 2 Minuten pfannenrühren.

Für die Sauce den Essig, das Öl, die Sojasauce mit der erkalteten Hühnerbrühe, Salz und frischgemahlenem Pfeffer gut verrühren.

Zum Schluß die Nudeln dazugeben und alles nochmals vermischen.

Den Salat anrichten und die Entenbrust in dünne Scheiben schneiden, obenauf legen und servieren.

Frühlingssalat

Für 8 Personen

20 g getrocknete chinesische Champignons (Tongu-Pilze)
200 g Buchweizennudeln
2 EL Öl
1/2 gelbe und 1/2 rote Paprikaschote
100 g Lauch
125 g Salatgurke
Für die Sauce Zutaten und Zubereitung s. »Salat mit Entenbrust«.
100 g gekochten Schinken

Die Pilze ca. 30 Minuten in kaltem Wasser einweichen. Die Nudeln dann in 2 l kochendes Salzwasser, dem das Öl zugesetzt wurde, einlegen und ca. 4 – 6 Minuten unter gelegentlichem Umrühren, leicht sprudelnd kochen lassen. Das Nudelwasser abgießen, die Nudeln in ein Sieb schütten, kalt abschrecken, abtropfen lassen und in den Topf zurückschütten. Die Paprikaschoten und den Lauch waschen, putzen, bzw. entkernen und in gleichgroße Streifen schneiden. Die Gurke waschen, halbieren und die Kerne entfernen, dann die Gurkenhälften in 1 cm dicke Streifen schneiden. Danach Paprika und Lauch kurz in kochendem Wasser blanchieren, herausnehmen und kalt abschrecken. Die Salatsauce anmachen. Die Pilze ausdrücken und die Hüte in feine Streifen schneiden, in eine Schüssel geben, mit den Gemüsen, den Nudeln unter die Sauce mischen. Den Schinken würfeln und unterheben, kaltstellen.

Tofu-Würfel

2 Pakete Tofu
Pflanzenöl

Die Kuchen in 4 Würfel aufteilen und auf Küchenpapier abtrocknen lassen. Den Wok bis zur Hälfte mit Öl füllen und auf 190 Grad erhitzen, Löffelprobe machen.

Den Tofu am besten mit einem Sieb ins heiße Öl gleiten lassen und ca. 15 Minuten goldgelb fritieren. Herausnehmen und auf Küchenpapier abtropfen lassen.

Tip: Tofu kann man selber machen. Die fritierten Tofuwürfel kann man bis zu 2 Wochen im Kühlschrank aufbewahren. Frischen, eingeschweißten Tofu kann man ungeöffnet, monatelang lagern.

Gemüseplatte Acht-Juwelen

Für 6 Personen

6 getrocknete Wolkenohrenpilze (Mu-err)
15 g Lilienknospen (Goldnadeln)
50 g Glasnudeln
2 Tassen Wasser
1/2 TL Salz
6 EL Erdnußöl
100 g Zuckererbsenschoten
1 Stückchen frische Ingwerwurzel
6 Frühlingszwiebeln
1 EL roter Tofu
1 TL Wasser
8 Tofuwürfel Rezept s. rechts
8 kleine Maiskölbchen
100 g Strohpilze aus der Dose
100 g Ginkgonüsse aus der Dose
200 ml Gemüsebrühe
1/2 TL Speisestärke
Salz
1 Prise Zucker
3 EL helle Sojasauce
2 EL Sesamöl

Die Pilze und die Lilienknospen getrennt ca. 30 Minuten in kaltem Wasser einweichen.

Die Glasnudeln mit kochendem Wasser übergießen und 20 Minuten quellen lassen.

Abgießen, abtropfen lassen und mit der Küchenschere etwas zerkleinern.

Die Lilienknospen ebenfalls aus dem Wasser nehmen, beiseite stellen.

In einem Topf 250 ml Wasser mit 1/2 TL Salz und 1/2 TL Öl erhitzen, die Zuckererbsenschoten hineinschütten und kurz aufkochen lassen.

Abgießen und mit kaltem Wasser abschrecken.

Das restliche Öl in den Wok geben und stark erhitzen.

Den geschälten Ingwer in dünne Scheiben schneiden.

Die Frühlingszwiebeln putzen, waschen und in Scheiben schneiden und mit dem Ingwer in den Wok geben, kurz anbraten.

Den Tofu mit etwas Wasser anrühren und zugeben.

Die Pilze abtropfen lassen und eventuell etwas zerkleinern und darüberstreuen.

Die Hitze reduzieren und nacheinander die ausgedrückten und zerkleinerten Glasnudeln, die Lilienknospen, die Tofuwürfel, die längs halbierten Maiskölbchen, die abgetropften Strohpilze und die Ginkgonüsse zugeben, alles gut vermischen.

Von der Brühe 2 EL abnehmen, die Speisestärke darin anrühren und mit der restlichen Brühe in den Wok geben. Mit Salz, Zucker und Sojasauce abschmecken. Kurz aufkochen, dann die Zuckererbsen zugeben. Mit Sesamöl beträufeln und auf einer heißen Platte sofort servieren.

Auberginen »Szetschuan«

8 getrocknete Wolkenohrenpilze (Mu-err)
750 g Auberginen
Pflanzenöl
5 Knoblauchzehen
1 Stückchen frische Ingwerwurzel
4 Frühlingszwiebeln
2 EL Erdnußöl
1 1/2 TL Chilipaste
1 EL trockener Sherry oder Reiswein
1 TL Salz
2 TL Zucker
1 EL helle Sojasauce
1/2 TL Speisestärke
2 EL Wasser

Zum Fritieren:
750 ml Pflanzenöl

Die Pilze ca. 30 Minuten in kaltem Wasser einweichen.

Die Auberginen waschen und in Längsrichtung schmale Streifen aus der Schale schneiden, so daß die Frucht weiß lila gestreift ist.

Wenn man sie ganz schält, schrumpft sie beim Kochen.

Die Aubergine erst längs in Streifen und dann quer in Pommes frites große Stücke schneiden.

Den Wok bis zur Hälfte mit Öl füllen und auf 190 Grad erhitzen. Löffelprobe machen.

Die Auberginen hineingeben und ca. 2 Minuten fritieren. Herausheben und auf Küchenpapier abtropfen lassen.

Den Knoblauch schälen und kleinhacken, den Ingwer schälen und in dünne Scheibchen hobeln, die Frühlingszwiebeln waschen, putzen und in ca. 5 cm große Stücke schneiden, weiße und grüne Teile getrennt aufbewahren.

Das Öl aus dem Wok entfernen und ihn mit dem Erdnußöl erneut aufheizen.

Den Knoblauch hineingeben und anbraten, die Ingwerscheibchen und die weißen Teile der Frühlingszwiebeln dazugeben und unter Rühren die Chilipaste einarbeiten.

Nun die Auberginenstreifen und die eingeweichten, etwas zerkleinerten Wolkenohrenpilze zugeben und unter Rühren aufkochen lassen.

Den Sherry, das Salz, den Zucker, die Sojasauce und die grünen Stücke der Frühlingszwiebel dazugeben, umrühren.

Das Stärkemehl mit Wasser glattrühren und ebenfalls in den Wok geben, nochmals aufkochen lassen, vom Feuer nehmen.

Auf einer vorgewärmten Platte servieren.

Tip: Die Auberginenstreifen können auch schon Stunden vorher fritiert werden.

Blattspinat mit Sesamsauce

1 kg Blattspinat
1 l Wasser
1 EL Sesamöl
2 EL helle Sojasauce
2 EL Sesamöl
75 g Sesamsamen
1 EL helle Sojasauce
4 EL Hühnerbrühe
1 Prise Chilipulver
weißer Pfeffer

Den Spinat waschen, putzen und entstielen.

In 1 l Wasser das Sesamöl und die Sojasauce geben, die Spinatblätter darin einmal kurz aufkochen lassen.

Abgießen und in eiskaltem Wasser abschrecken.

Den Spinat warmstellen.

Das Sesamöl in einer Pfanne erhitzen und den Sesam darin gleichmäßig anrösten. Einen Löffel davon beiseite stellen.

Den übrigen Samen in einem elektrischen Mixer zu einer dikken Paste zerkleinern, mit der Sojasauce und der Brühe zu einer cremigen Sauce verarbeiten.

Mit Chilipulver und Pfeffer vorsichtig abschmecken.

Den warmen Spinat mit der Sauce mischen, auf einer Platte anrichten und zum Schluß mit dem zur Seite gestellten Sesam bestreut servieren.

Bambussprossen mit Pilzen

12 getrocknete chinesische Wolkenohrenpilze (Mu-err)
1 Bambussprossen aus der Dose
2 EL Erdnußöl
2 Scheibchen Ingwerwurzel

Für die Sauce:
2 EL dunke Sojasauce
2 TL Speisestärke
75 ml Wasser
1/4 TL Salz
1/2 TL Zucker

Die Pilze ca. 30 Minuten in kaltem Wasser einweichen.

Die Sauce aus Sojasauce, der mit etwas Wasser angerührten Speisestärke, dem Wasser, dem Salz und dem Zucker anmachen.

Die Bambussprossen abtropfen lassen und in 1/2 cm dicke Scheiben schneiden.

Die Pilze abtropfen lassen und in schmale Streifen schneiden.

Das Öl in einem Topf erhitzen und den Ingwer dazugeben und kurz anbraten.

Bambussprossen und Pilze hinzufügen und unter Rühren 1 Minute lang weitergaren.

Die Sauce über das Gemüse gießen und das Gericht ca. 5 Minuten lang schmoren lassen, gelegentlich umrühren.

Vom Feuer nehmen und heiß servieren.

Karpfen süß-sauer

Für 6 Personen
1 Karpfen ca. 2 kg
Salz
weißer Pfeffer
125 ml Sherry
1 Ei
3 EL Mehl
2 EL Schweineschmalz

Für die Sauce:
4 Schalotten
1 EL Schweineschmalz
2 Stückchen kandierten Ingwer
1 EL Zucker
1 TL Ingwersirup
2 EL helle Sojasauce
1 EL Essig
1 EL Tomatenmark
3 EL Brühe
1 EL Speisestärke
2 EL Wasser
Salz
weißer Pfeffer

Für die Garnierung:
4 große Salatblätter
2 grüne und 2 rote Chilischoten

Die Flossen vom Karpfen mit einer Küchenschere abschneiden, eventuelle Schuppen entfernen und den Fisch der Länge nach halbieren, dann entgräten. In gleichgroße Portionsstücke aufteilen und unter kaltem fließenden Wasser abspülen.
Abtropfen lassen und mit Küchenpapier abtrocknen.

Die Karpfenstücke mit Salz und frischgemahlenem Pfeffer einreiben, in eine Schüssel legen, mit dem Sherry übergießen und 20 Minuten ziehen lassen.

Das Ei verrühren und in eine Schale geben.

Das Mehl auf einen Teller schütten und die Karpfenstücke zuerst in Ei, dann im Mehl wenden. Das Schweineschmalz in einer Pfanne erhitzen und die panierten Fischstücke darin 15 Minuten von beiden Seiten braten.

Die Schalotten schälen und kleinwürfeln.

Das restliche Schweineschmalz in einem Topf erhitzen und die Schalotten darin goldgelb anbraten. Den Ingwer in feine Streifen schneiden und mit dem Sirup zugeben. Den Zucker in einem kleinen Topf, bei geringer Hitze unter ständigem Rühren hellbraun karamelisieren lassen.

Die Sojasauce, den Essig, das Tomatenmark und die Brühe einrühren und zu den Zwiebeln geben. Die Speisestärke mit wenig Wasser glattrühren und unter die Sauce geben, kurz aufkochen lassen. Mit Salz und frischgemahlenem Pfeffer abschmecken.

Die Salatblätter putzen, waschen und abtropfen lassen, auf eine vorgewärmte Platte legen und die Fischstücke darauf verteilen. Mit der Sauce übergießen und mit den gewaschenen, in kleine Ringe geschnittenen Chilischoten, dekorieren.

Fisch in Walnußbutter

4 Rotbarschfilets a 200 g

Für den Sud:
500 ml Wasser
4 El Weinessig
2 Zitronenscheiben
Salz
Pfeffer
1 Lorbeerblatt

Für die Sauce:
100 g Walnüsse
1 Knoblauchzehe
125 g Butter
Salz
weißer Pfeffer
1 EL helle Sojasauce

Die Filets waschen und trockentupfen.

Das Wasser in einem flachen Topf zum Kochen bringen, den Essig, die Zitronenscheiben, das Salz, den Pfeffer und das Lorbeerblatt hineingeben, aufkochen lassen und die Fischfilets hineinlegen. Bei kleiner Hitze ca. 7 Minuten ziehen lassen. Die Walnüsse hacken, die Knoblauchzehe schälen und durch eine Knoblauchpresse drücken.

Die Butter zerlassen, Knoblauch und Walnußkerne zugeben. Solange rühren bis die Butter hellbraun wird. Mit Salz, Pfeffer und Sojasauce abschmecken.

Die Filets auf vorgewärmte Teller legen und die Buttersauce darübergießen.

Fisch mit Gemüse-Sub Gum-Garnitur

Für 6 – 8 Personen

1 Zander ca. 2 kg
oder einen anderen
weißfleischigen Fisch
1 Stückchen frische Ingwerwurzel
2 TL Salz
4 große getrocknete chinesische Champignons (Tongu-Pilze)
4 getrocknete Wolkenohrenpilze (Mu-err)
4 Goldnadeln (Lilienknospen)
100 g Bambussprossen aus der Dose
75 g durchwachsenes Schweinefleisch
2 Stangen Lauch
6 Frühlingszwiebeln
75 g Wasserkastanien
2 EL Schweineschmalz
2 EL helle Sojasauce
1 EL Sherry oder Reiswein
1 EL Essig
2 TL Speisestärke
2 EL Fisch Fond

Den Fisch unter fließendem kaltem Wasser waschen, ausnehmen, nochmals waschen – vor allem den Bauchraum – und mit Küchenpapier trockentupfen.

Den Ingwer schälen und feinhacken, mit dem Salz vermischen und den Fisch innen und außen damit einreiben.

Die Pilze ca. 30 Minuten in Wasser einweichen, abtropfen lassen, von den Tongu-Pilzen die Stiele entfernen und die Hüte in feine Streifen schneiden.

Die Mu-err Pilze vierteln.

Die Lilienknospen ebenfalls in warmem Wasser einweichen, danach herausnehmen und einmal durchschneiden.

Die Bambussprossen abgießen, abtropfen lassen und in Streifen schneiden.

Das Schweinefleisch in Streifen schneiden.

Den Lauch und die Frühlingszwiebeln putzen, waschen und in 5 cm lange Stücke schneiden.

Die Wasserkastanien abtropfen lassen und in Streifchen schneiden.

Den Fisch auf eine feuerfeste Platte legen und im Dämpfer ca. 20 Minuten garen lassen.

Das Schmalz in einer Pfanne erhitzen und das Schweinefleisch unter Rühren anbraten.

Die Pilze, Lilienknospen, Bambussprossen, Lauch, Frühlingszwiebeln und Wasserkastanien zum Fleisch geben und 3 Minuten pfannenrühren.

Die Sojasauce mit Sherry, Essig, Speisestärke mit dem Fond verrühren, alles in die Pfanne geben und unter Rühren aufkochen lassen.

Den Fisch aus dem Dämpfer nehmen und mit dem Gemüse und der Sauce servieren.

Scampis in Sesam

Für den Teig:
60 g Mehl
125 ml Milch
2 Eier
Salz

Für die Füllung:
125 g Chinakohl
125 g Lauch
1 EL Sesamöl
2 EL Sesamsamen
400 g rohe Scampis
1 EL Zitronensaft
1 helle Sojasauce
weißer Pfeffer
5 EL Sesamöl
125 g Butter

Für die Sauce:
1 EL Honig
2 EL Essig
250 ml Apfelsaft oder Cidre
1 EL dunkle Sojasauce

Das Mehl in eine Schüssel sieben und nach und nach die Milch, die Eier und das Salz unterrühren. Den Teig 20 Minuten ruhen lassen.

Das Gemüse putzen, waschen, abtropfen lassen und in feine Ringe schneiden.

Das Öl in einer Pfanne erhitzen und den Sesam darin goldbraun anrösten.

Die Scampis unter fließendem kaltem Wasser waschen, die Köpfe durch abdrehen vom Körper lösen, die Scampis aus der Schale befreien und den Darm entfernen.

So vorbereitet in eine Schüssel legen und mit Zitronensaft, Sojasauce und dem frischgemahlenen Pfeffer würzen.

In einer Pfanne einen Teil des Öls erhitzen und aus dem Teig 4 kleine Pfannenkuchen backen, warmstellen. Anschließend die Hälfte der Butter in der Pfanne erhitzen und das Gemüse kurz andünsten, mit Salz abschmekken und ebenfalls warmstellen.

Im Wok das restliche Öl sehr heiß werden lassen, die Scampis unterrühren kurz darin anbraten, herausnehmen und beiseite stellen. Für die Sauce den Honig, die Sesamsamen, den Essig und den Apfelsaft zugeben und kurz einkochen lassen. Die restliche Butter unterrühren. Mit der dunklen Sojasauce abschmekken. Die Scampis in die Sauce zurücklegen, erwärmen und mit den gerollten Pfannenkuchen und dem Gemüse servieren.

Scampis mit Gemüse

5 getrocknete chinesische Pilze (Mu-err)
500 g rohe Scampis

Für die Marinade:
1 EL Zitronensaft
1 EL helle Sojasauce
1 EL trockener Sherry oder Reiswein
1 Stückchen Ingwerwurzel
weißer Pfeffer

Für das Gemüse:
2 Stangen Sellerie
2 Schalotten
10 Wasserkastanien aus der Dose
125 g gekeimte Sojasprossen
3 EL Sesamöl
1 TL Stärkemehl
2 EL Wasser

Die Pilze in kaltem Wasser ca. 30 Minuten einweichen, herausnehmen, abtropfen lassen und in feine Streifen schneiden, beiseite stellen.

Die Scampis unter fließend kaltem Wasser waschen, die Köpfe durch abdrehen vom Körper lösen, das Fleisch aus der Schale befreien und den Darm entfernen.

So vorbereitet in eine Schüssel legen und mit Zitronensaft, Sojasauce, Sherry, dem geschälten feingehackten Ingwer und frischgemahlenem Pfeffer würzen und 20 Minuten ziehen lassen. Inzwischen den Sellerie putzen, waschen und in Streifen schneiden. Die Schalotten schälen und würfeln. Die Wasserkastanien waschen, abtropfen lassen und vierteln. Die Sojasprossen waschen und abtropfen lassen. Das Öl im Wok erhitzen, das Gemüse und die Pilze 5 Minuten andünsten, dann die Scampis mit der Marinade hineingeben und 2 Minuten pfannenrühren.

Die Speisestärke mit Wasser glattrühren und die Scampis damit andicken.

Sofort heiß servieren.

Shrimps mit grünen Erbsen

250 g ungeschälte Shrimps
1 Stückchen frische Ingwerwurzel
50 g Bambussprossen aus der Dose
1 TL Speisestärke
4 EL Hühnerbrühe
3 EL Sesamöl
250 g grüne Erbsen
1 EL trockener Sherry
Salz
weißer Pfeffer

Die Shrimps aus der Schale lösen.

Den Ingwer schälen, feinhakken und die Bambussprossen in 1 cm große Würfel schneiden.

Die Speisestärke mit der Hühnerbrühe glattrühren.

Die Hälfte des Öls im Wok erhitzen, die Shrimps und den Ingwer hineingeben, 1 Minute pfannenrühren, herausnehmen und warmstellen.

Das restliche Öl in den Wok geben und die Bambussprossen mit den Erbsen bei starker Hitze pfannenrühren.

Die Shrimps zu den Gemüsen geben, die Speisestärke dazurühren und mit dem Sherry, Salz und frischgemahlenem Pfeffer abschmecken, nochmals aufkochen, bis die Sauce sämig wird.

Heiß servieren.

Shrimps mit buntem Gemüse

250 g ungeschälte Shrimps
1 Stückchen frische Ingwerwurzel
1 grüne Paprikaschote
2 Tomaten
2 Wasserkastanien
3 EL Sesamöl
1 TL Speisestärke
4 EL Hühnerbrühe
1 EL trockener Sherry oder Reiswein
1 EL dunkle Sojasauce
Salz
weißer Pfeffer

Die Shrimps aus der Schale lösen.

Den Ingwer schälen und feinhacken.

Die Paprikaschote waschen und halbieren, entkernen und in Streifen schneiden. Die Tomaten in kochendes Wasser tauchen, enthäuten, halbieren und die Kerne herausschneiden, das Fruchtfleisch nicht zu klein würfeln. Die Wasserkastanien abtropfen lassen und ebenfalls würfeln. Die Speisestärke mit der Hühnerbrühe glattrühren. Die Hälfte des Öls im Wok erhitzen, die Shrimps und den Ingwer hineingeben, 1 Minute pfannenrühren, herausnehmen und warmstellen. Das restliche Öl in den Wok geben, die Paprikaschote mit den Wasserkastanien bei starker Hitze 2 Minuten pfannenrühren, dann die Tomaten zufügen, aufkochen lassen und nochmals durchrühren.

Die Shrimps zu den Gemüsen geben, die Speisestärke mit der Brühe glattrühren und zufügen. Mit dem Sherry, der Sojasauce, dem Salz und dem frischgemahlenen Pfeffer abschmecken, nochmals aufkochen, bis die Sauce sämig wird.

Heiß servieren.

Fritierte Garnelen

18 größere Garnelen oder Hummerkrabben in der Schale

Für den Teig:
1 Ei
100 g Mehl
125 ml Bier
Salz

Zum Fritieren:
750 ml Pflanzenöl

Außerdem:
1 Zucchini

Für die Sauce:
2 EL dunkle Sojasauce
1 TL Chilisauce
1 EL Tomatenketchup

Aus dem Ei, dem Mehl, dem Bier und dem Salz einen Teig herstellen und 30 Minuten ruhen lassen.

Die Zucchini waschen und in nicht zu dünne Scheiben schneiden. Für den Dip die Sojasauce mit der Chilisauce und dem Tomatenketchup mischen.

Das Öl im Wok auf ca. 190 Grad erhitzen, Löffelprobe machen.

Die Garnelen am Schwanz fassen und in den Teig tauchen, dann sofort ins Öl gleiten lassen und 3 Minuten goldbraun fritieren.

Immer nur soviele Garnelen in den Wok geben, daß sie frei schwimmen können.

Mit einem Schaumlöffel oder Sieb herausfischen und auf Haushaltspapier abtropfen lassen.

Die Zucchini mit einem Holzspieß in den Teig tauchen und wie die Garnelen fritieren und abtropfen lassen.

Mit der Sauce als Dip servieren.

Hühnchenbrust mit Senfsauce

2 Hühnerbrüstchen
1 Eiweiß
1 EL Speisestärke
2 EL Erdnußöl

Für die Sauce:
3 TL mittelscharfer Senf
1 Prise Salz
2 EL dunkle Sojasauce
1 TL Zucker
1 EL Weinessig
2 EL Hühnerbrühe
4 EL Sesamöl

Die Hühnerbrüstchen von Haut und Knochen befreien, dann in dünne Streifen schneiden.

Das Eiweiß kurz verschlagen und mit der Speisestärke verrühren.

Die Hühnerstreifen hineingeben und darin wenden.

Das Öl in den Wok geben und erhitzen.

Die Hühnerstreifchen in den Wok geben und 2 Minuten pfannenrühren, danach herausheben, auf eine Platte legen und warmstellen.

Die Zutaten für die Senfsauce nacheinander in eine Schüssel geben und am besten mit dem Mixstab aufschlagen.

Das Öl tropfenweise einlaufen lassen, bis die Sauce sämig wird.

Die Sauce über die Hühnchenstreifen gießen und sofort servieren.

Hühnchen süß-sauer

2 Hühnchenbrüste
1 Stückchen frische Ingwerwurzel
2 EL Sesamöl
1/2 Gurke
1 Tomate
1 Zwiebel
125 g frische Egerlinge
1 grüne Paprikaschote
3 EL Sesamöl

Für die Sauce:
2 EL Essig
3 EL brauner Zucker
1/4 TL Salz
1 EL Speisestärke
2 EL Wasser

Die Hühnchenbrust von Haut und Knochen lösen und in mundgerechte Stücke schneiden.

Den Ingwer schälen und in dünne Scheiben schneiden.

Das Öl im Wok erhitzen, die Ingwerscheiben zugeben, durchrühren und das Hühnchenfleisch 2 Minuten pfannenrühren, bis es weiß wird. Herausnehmen und warmstellen.

Die Gurke schälen, halbieren, mit einem Teelöffel entkernen und in ca. 1 cm dicke Streifen schneiden.

Die Tomate kurz in kochendes Wasser tauchen, häuten, vierteln und die Kerne herausschneiden, die Viertel eventuell noch einmal halbieren.

Die Zwiebel schälen und kleinwürfeln.

Die Egerlinge putzen, eventuell waschen und blättrig aufschneiden.

Die Paprikaschote putzen, waschen, halbieren, die Kerne entfernen und in feine Streifen schneiden.

Das Öl im Wok erhitzen, die Gemüse, ohne Tomaten, hineingeben und 3 Minuten pfannenrühren. Erst zum Schluß die Tomaten zugeben nur noch einmal kurz aufkochen lassen.

Aus den oben angegeben Zutaten die süß-saure Sauce rühren, die Speisestärke mit dem Wasser glattrühren und alles zum Gemüse in den Wok geben.

Das Hühnchenfleisch dazugeben, nochmals erhitzen und sofort servieren.

Betrunkenes Hühnchen

1 küchenfertiges Hühnchen ca. 1,5 kg

Für den Sud:
1 1/2 l Wasser
1 EL Salz
4 EL helle Sojasauce
1 Stückchen frische Ingwerwurzel
125 ml Essig
2 Zwiebeln
1 Lorbeerblatt
4 Nelken
3 ganze Sternanis

Marinade:
500 ml Weißwein
250 ml trockener Sherry oder Reiswein

Das Hühnchen unter fließendem Wasser waschen und innen und außen trockentupfen.

Das Wasser in einen großen Topf füllen, das Salz, die Sojasauce, den geschälten in Scheiben geschnittenen Ingwer, den Essig, die geschälten und halbierten Zwiebeln, das Lorbeerblatt, die Nelken und den Sternanis zufügen und aufkochen lassen.

Dann das Huhn in den Sud einlegen und ca. 30 Minuten leicht köcheln lassen.

Den Topf vom Feuer nehmen und das Hühnchen ca. 2 Stunden im Sud ziehen lassen.

Das Hühnchen herausnehmen und in mundgerechte Stücke zerteilen.

Das Hühnerfleisch in eine Schüssel mit Deckel legen und mit Wein und Sherry übergießen, es sollte ganz bedeckt sein.

Zugedeckt 2 Tage im Kühlschrank marinieren lassen, täglich einmal wenden.

Hühnerfleisch mit Chili (sehr scharf)

600 g ausgelöstes Hühnerbrustfilet

Für die Marinade:
2 EL helle Sojasauce
2 EL süßer Sherry oder Reiswein
3 EL Speisestärke
100 ml Wasser
6 frische oder getrocknete rote Chilischoten
125 ml Erdnußöl

Für die Sauce:
2 El helle Sojasauce
2 EL braunen Zucker
1 TL Sesamöl
2 TL Worcestersauce

Das Hühnerbrustfilet in feine Streifen schneiden, die Marinade, Sojasauce, Sherry, und die mit Wasser glattgerühre Speisestärke verrühren.

Das Hühnerfleisch 1 Stunde marinieren. Die Chilischoten waschen, entkernen und in Stücke schneiden. Das Öl im Wok erhitzen und die Chilis scharf anbraten. Nun das Hühnerfleisch mit der Marinade zugeben und 3 Minuten pfannenrühren, bis es weiß wird. Aus der Sojasauce, dem Zucker, dem Sesamöl und der Worcestersauce eine Sauce rühren, zum Fleisch geben und unter Rühren aufkochen lassen, bis die Sauce sämig wird. Auf einer vorgewärmten Platte anrichten.

Hühnchen mit Sesam

Für 6 Personen
600 g Hühnerbrust
6 Schalotten
2 Knoblauchzehen
3 EL Sesamöl
4 EL Sesamsamen
250 ml Brühe
2 EL helle Sojasauce
2 EL Hoisinsauce
1 EL Speisestärke

Außerdem:
1 EL Zucker
Salz
schwarzer Pfeffer

Das Fleisch unter fließendem Wasser kurz abwaschen, trokkentupfen, vom Knochen lösen und in ca. 3 cm große Stücke schneiden.

Die Schalotten und die Knoblauchzehen schälen und würfeln. Das Öl in den Wok geben und erhitzen, die Schalotten, den Knoblauch und den Sesam darin unter Rühren anbraten. Die Hühnerwürfel dazugeben und 3 Minuten pfannenrühren. Die Brühe zugeben und aufkochen lassen.

Die Soja- und Hoisinsauce mit der Speisestärke vermischen und unter das Fleisch geben, unter Rühren aufkochen lassen. Mit dem Zucker, dem Salz und dem frischgemahlenen Pfeffer abschmecken.

Heiß servieren.

Ente mit Früchten

600 g Entenbrust

Für die Marinade:
3 EL dunkle Sojasauce
1 EL trockener Sherry oder Reiswein
1 TL gemahlener Ingwer
2 TL braunen Zucker
1 Prise Salz

Außerdem:
1 Knoblauchzehe
4 EL Sesamöl
2 Schalotten
1 Staudensellerie
2 Ananasscheiben aus der Dose
1/2 Honigmelone frisch oder Melonenkugeln aus der Dose
50 g Lychees frisch oder aus der Dose
2 EL helle Sojasauce
2 EL Hoisinsauce
125 ml Geflügelbrühe
2 EL Tomatenmark
75 cm Essig
1 EL braunen Zucker
2 EL Speisestärke
4 EL Wasser
Salz
Pfeffer

Die Entenbrust gründlich unter fließendem Wasser waschen, mit Küchenpapier trockentupfen und in nicht zu dicke Streifen schneiden.

Die Zutaten für die Marinade, die Sojasauce, den Sherry, den gemahlenen Ingwer, den Zucker und 1 Prise Salz in einer Schüssel verrühren und die Entenbruststreifen 1 Stunde marinieren. Knoblauch schälen und in feine Scheiben schneiden.

Das Öl im Wok erhitzen und zuerst den Knoblauch darin anbraten, dann das Entenfleisch mit der Marinade hineingeben und ca. 2 Minuten pfannenrühren bis das Fleisch hell wird, herausnehmen und warmstellen. Das Öl im Wok lassen.

Die Schalotten schälen und würfeln.

Den Sellerie putzen, waschen und in Streifen schneiden, auch das Grün.

Die Schalotten und den Sellerie im Wok 2 Minuten pfannenrühren.

Die Ananas in Würfel schneiden.

Die Melone von den Kernen befreien und das Fruchtfleisch würfeln.

Die Ananas- und Melonen-Würfel, sowie Lychees zum Gemüse geben und unter Rühren aufkochen lassen.

Mit der Sojasauce, der Hoisinsauce und der Geflügelbrühe aufgießen.

Das Tomatenmark, den Essig, den Zucker und die in etwas Wasser angerührte Speisestärke dazugeben und aufkochen lassen, bis die Sauce sämig wird.

Mit Salz und frischgemahlenem Pfeffer abschmecken.

Die Entenstreifen dazugeben, nochmals unter Rühren erhitzen und sofort heiß servieren.

Hühnchen mit Ananas

1 küchenfertiges frisches oder tiefgefrorenes Hühnchen, ca. 1,5 kg

Für die Marinade:
3 EL helle Sojasauce
1 EL süßer Sherry oder Reiswein
1 TL Ingwerpulver
1 TL Zucker
1 Prise Salz

Außerdem:
150 g Ananasstücke aus der Dose
1 Knoblauchzehe
2 EL Sesamöl
3 El Ananassaft
1 kleine rote Paprikaschote
1 EL Speisestärke

Für die Sauce:
6 EL Essig
6 EL Zucker
4 EL Ketchup
1 Spritzer Tabasco
Salz

Das – gegebenenfalls vorher aufgetaute – Hühnchen waschen und trockentupfen.

Aus der Sojasauce, dem Sherry, dem Ingwerpulver, dem Zucker und einer Prise Salz eine Marinade zubereiten, das Hühnchen damit einreiben und und 1 Stunde ziehen lassen.

Die Ananas aus der Dose abtropfen lassen, etwas vom Saft auf die Seite stellen. Die Knoblauchzehe schälen und in feine Scheibchen schneiden.

1 EL von dem Öl im Wok erhitzen und die Knoblauchscheibchen darin anbraten, mit etwas vom Ananassaft aufgießen. Das Hühnchen hineingeben und von allen Seiten ca. 40 Minuten schön braun braten, dabei immer wieder wenden. Das Hühnchen herausnehmen, in Portionsstücke zerlegen und warmstellen. Die Paprikaschote waschen, halbieren, die Kerne entfernen und in kleine Würfel schneiden.

Für die Sauce den Essig, den Zucker, das Ketchup verrühren und mit der Tabascosauce und etwas Salz abschmecken.

Das restliche Öl im Wok erhitzen, die Paprikawürfel hineingeben und scharf anbraten, die süßsaure Sauce hinzufügen und 3 Minuten pfannenrühren.

Die Speisestärke mit dem Ananassaft glattrühren und zu den Paprikawürfeln geben, aufkochen lassen bis die Sauce dick wird. Die Ananasstücke dazugeben, nochmals unter Rühren erhitzen und die Masse über die auf einer Platte angerichteten Hühnchenteile gießen.

Schweinerippchen süß-sauer

Für 8 – 10 Personen

1,5 kg Schweinerippchen
2 Knoblauchzehen
1 Zwiebel
1 Stückchen frische Ingwerwurzel
1 grüne und 1 rote Paprikaschote
750 ml Wasser
2 EL Sesamöl
4 EL helle Sojasauce
2 EL Hoisinsauce
1 EL brauner Zucker

Für die Sauce:
1 EL Speisestärke
2 EL Wasser
2 EL Sesamöl
3 EL brauner Zucker
3 EL Essig
2 EL Tomatenketchup
1 EL Ingwersirup
3 EL dunkle Sojasauce
2 EL trockener Sherry oder Reiswein
Salz
schwarzer Pfeffer
2 EL Sesamöl

Die Rippchen waschen und trockentupfen. Mit einem scharfen Messer überflüssiges Fett entfernen und dann mit einem Hackmesser einzelne Rippchen abhacken.

Die Knoblauchzehen und die Zwiebeln schälen und in feine Scheiben schneiden.

Den Ingwer schälen und feinhacken.

Die Paprikaschoten waschen, halbieren, die Kerne entfernen und in feine Streifen schneiden.

Die Speisestärke für die Sauce, mit dem Wasser in einer Schüssel glattrühren.

Den Zucker, den Essig, das Tomatenketchup, den Ingwersirup, die Sojasauce, den Sherry, Salz und frischgemahlener Pfeffer unter Rühren zur Speisestärke zufügen.

Die Rippchen in einen großen Topf legen und mit dem Wasser auffüllen, aufkochen und 15 Minuten bei starker Hitze brodelnd kochen lassen.

Das Wasser abgießen und die Rippchen abtropfen lassen.

Das Öl, die Knoblauchzehen, die Zwiebeln, den Ingwer, die Sojasauce, die Hoisinsauce, den Zucker zugeben und alles unter rühren bei milder Hitze 25 Minuten köcheln lassen.

Die Rippchen aus dem Topf nehmen und mit den Beilagen in eine feuerfeste Form legen.

Den Backofen auf 190 Grad vorheizen und die Rippchen hineinschieben.

Das Öl im Wok erhitzen und die Paprikastreifen darin 2 Minuten pfannenrühren, die Sauce unter Rühren zugeben und solange rühren bis sie klar wird.

Die Rippchen auf einer Platte anrichten, die heiße Sauce darübergeben und sofort servieren.

Schweinefilet mit Ingwer

Für 6 Personen

600 g Schweinefilet

Für die Marinade:
1/2 frische Ingwerwurzel
2 Knoblauchzehen
3 EL helle Sojasauce
2 EL trockener Sherry oder Reiswein
1/2 TL grob gestoßener, schwarzer Pfeffer
1 EL Honig

Außerdem:
3 EL Sesamöl
1 rote und 1 grüne Paprikaschote
250 g Sojasprossen
Salz

Zum Garnieren:
1 Bund Schnittlauch

Das Schweinefilet unter fließendem Wasser kurz abwaschen und trockentupfen.

Mit einem scharfen Messer häuten und gegen die Faserrichtung in ca. 1 cm dicke Streifen schneiden.

Für die Marinade den Ingwer und die Knoblauchzehen schälen, dann kleinhacken und mit der Sojasauce, dem Sherry, dem Pfeffer und dem Honig, in eine Schüssel geben und zu einer Sauce verrühren.

Die Schweinefiletstreifen in diese Marinade legen und zugedeckt 1 Stunde kaltstellen, hin und wieder wenden.

Das Öl in den Wok geben, erhitzen und das Fleisch, ohne Marinade, unter Rühren 2 Minuten scharf anbraten.

Die Paprikaschoten waschen, halbieren und die Kerne entfernen, dann in feine Streifen schneiden.

Die Sojasprossen unter fließendem Wasser abbrausen und abtropfen lassen.

Das Gemüse mit der Marinade zum Fleisch geben und 2 Minuten pfannenrühren, eventuell mit Salz abschmecken.

Den Schnittlauch waschen und in Röllchen schneiden.

Das Gericht auf eine vorgewärmte Platte legen, mit den Schnittlauchröllchen bestreuen und servieren.

Schweinefleisch mit Szetschuan-Pickles

Für 6 – 8 Personen

600 g mageres Schweinefleisch z. B. Schnitzelfleisch
2 EL Sojaöl

Für die Marinade: Zutaten wie »Schweinefleisch mit Lilienknospen«

Außerdem:
1 EL Sesamöl
100 g Szetschuan-Gemüse-Pickles (scharf eingelegtes Gemüse)

Das Schnitzelfleisch unter fließendem Wasser kurz abwaschen und trockentupfen.

Mit einem scharfen Messer das Fleisch gegen die Faserrichtung in dünne Streifen schneiden.

Die Zutaten zur Marinade verrühren.

Die Fleischstreifen in diese Marinade legen und zugedeckt 1 Stunde kaltstellen, hin und wieder wenden.

Das Öl in den Wok geben, erhitzen und das Fleisch, ohne Marinade, unter Rühren 4 Minuten scharf anbraten, dann die Marinade unterrühren, das Fleisch herausnehmen und warmstellen.

Die Pickles in feine Streifen schneiden, mit dem Öl in den Wok geben und 2 Minuten scharf pfannenrühren. Das Fleisch zu den Pickles geben und 2 Minuten unter Rühren erhitzen. Das Gericht auf eine vorgewärmte Platte legen und sofort servieren.

Gedünstete Schweinerippchen

Für 8 – 10 Personen

1,5 kg Schweinerippchen
3 Knoblauchzehen
2 Zwiebeln
1 Stückchen frische Ingwerwurzel
750 ml Wasser
2 EL Sojaöl
6 EL dunkle Sojasauce
1 EL brauner Zucker
125 ml Hühnerbrühe
Salz
schwarzer Pfeffer

Die Rippchen waschen und trokkentupfen. Mit einem scharfen Messer überflüssiges Fett entfernen und dann mit einem Hackmesser einzelne Rippchen abhacken.

Die Knoblauchzehen und Zwiebeln schälen und in feine Scheiben schneiden.

Den Ingwer schälen und feinhacken.

Nun die Rippchen in einen großen Topf legen und mit dem Wasser auffüllen, aufkochen und 5 Minuten bei starker Hitze brodelnd kochen lassen.

Entstehenden Schaum mit einem Löffel abnehmen, einen Großteil des Wassers abgießen und die Rippchen 15 Minuten leicht köcheln lassen.

Das Öl, die Knoblauchzehen, die Zwiebeln, den Ingwer, die Sojasauce und den Zucker zugeben, alles unter Rühren bei stärkster Hitze 5 Minuten kochen lassen, bis die Rippchen anfangen zu rösten.

Die Hitze zurückschalten, die Hühnerbrühe zufügen und den Topf mit einem Deckel verschließen, bei kleinster Flamme die Rippchen 30 Minuten leise kochen lassen, bis die Flüssigkeit reduziert ist.

Zum Schluß mit Salz und frischgemahlenem Pfeffer abschmecken.

Auf eine vorgewärmte Platte legen und den Rest der Sauce darübergießen.

Tip: Falls man die Rippchen lieber knusprig haben möchte, die Flüssigkeit im Topf ganz verdunsten lassen, die Rippchen auf einen Rost legen und im ca. 200 Grad vorgeheizten Backofen 10 Minuten trocknen lassen.

Chop Suey mit Glasnudeln

500 g mageres Schnitzelfleisch
50 g Glasnudeln
3 getrocknete chinesische Pilze (Mu-err)

Für die Marinade:
1 Stückchen frische Ingwerwurzel
2 Knoblauchzehen
3 EL helle Sojasauce
2 EL trockener Sherry oder Reiswein
1 EL brauner Zucker

Außerdem:
6 EL Sesamöl
2 Zwiebeln
1 Karotte
2 Frühlingszwiebeln
100 g Staudensellerie
50 g Bambussprossen aus der Dose
50 g Sojasprossen aus dem Glas
125 g Champignons
3 EL Sesamöl
75 ml Hühnerbrühe
3 EL helle Sojasauce
1 TL brauner Zucker
1 EL Speisestärke
4 cl trockener Sherry oder Reiswein
Salz
schwarzer Pfeffer

Das Schnitzelfleisch unter fließendem Wasser kurz abwaschen und trockentupfen.

Mit einem scharfen Messer das Fleisch gegen die Faserrichtung in dünne Streifen schneiden.

Die Glasnudeln und die Pilze getrennt ca. 30 Minuten in kaltem Wasser einweichen, die Glasnudeln dann herausnehmen und mit einer Küchenschere etwas zerkleinern. Die Pilze ausdrücken und in Streifen schneiden..

Für die Marinade den Ingwer und die Knoblauchzehen schälen und kleinhacken, mit der Sojasauce, dem Sherry und dem Zukker, in eine Schüssel geben und zu einer Marinade verrühren.

Die Fleischstreifen in diese Marinade legen und zugedeckt 1 Stunde kaltstellen, hin und wieder wenden.

Nun das Öl in den Wok geben erhitzen und das Fleisch, ohne Marinade, unter Rühren 2 Minuten scharf anbraten, dann die Marinade unterrühren, das Fleisch herausnehmen und warmstellen.

Die Zwiebeln schälen und kleinwürfeln.

Die Karotte schälen und in dünne Scheibchen schneiden.

Die Frühlingszwiebeln putzen, waschen und in ca. 3 cm lange schräge Stücke schneiden.

Den Staudensellerie putzen, waschen und in Streifen schneiden.

Die Bambussprossen abtropfen lassen und ebenfalls in Streifen schneiden.

Die Sojasprossen unter fließendem Wasser waschen, auslesen und abtropfen lassen.

Die Champignons putzen, eventuell waschen und blättrig schneiden.

Das Öl im Wok sehr heiß werden lassen, die Zwiebeln, die Karotten, die Frühlingszwiebeln, den Staudensellerie, die Bambus- und die Sojasprossen, die Champignons, die Pilze hineingeben und 2 Minuten pfannenrühren.

Mit der Brühe aufgießen, die Glasnudeln zusetzen, 2 Minuten pfannenrühren, das Fleisch zugeben und unter Rühren erhitzen.

Die Sojasauce, den Zucker und die in Sherry angerührte Speisestärke zufügen und unter Rühren aufkochen lassen, bis die Sauce sämig ist.

Eventuell noch mit Salz und frischgemahlenem Pfeffer abschmecken. Das Chop Suey in eine vorgewärmte Schüssel geben und servieren.

Schweinelendchen mit Chinakohl

Für 6 Personen

600 g Schweinelende

Für die Marinade:
2 Knoblauchzehen
3 EL helle Sojasauce
2 EL trockener Sherry oder Reiswein
1 EL Honig

Außerdem:
3 EL Sesamöl
1 mittelgroßer Chinakohl, ca. 500 g
1 Prise Salz
Pfeffer

Zum Garnieren:
1 Bund Kerbel

Das Schweinelendchen unter fließendem Wasser kurz abwaschen und trockentupfen.

Mit einem scharfen Messer häuten und gegen die Faserrichtung in ca. 1 cm große Scheiben und dann in Streifen schneiden.

Für die Marinade die Knoblauchzehen schälen und kleinhacken und mit der Sojasauce, dem Sherry und dem Honig in eine Schüssel geben, dann zu einer Sauce verrühren.

Die Schweinelendchenstreifen in diese Marinade legen und zugedeckt 1 Stunde kaltstellen, hin und wieder wenden.

Das Öl in den Wok geben, erhitzen und das Fleisch, ohne Marinade, unter Rühren 2 Minuten scharf anbraten.

Den Chinakohl waschen, in ca. 3 cm große Stücke schneiden.

Das Gemüse mit der Marinade zum Fleisch geben und 2 Minuten pfannenrühren, mit Salz und frischgemahlenem Pfeffer abschmecken.

Den Kerbel waschen eventuell kleinhacken.

Das Gericht auf eine vorgewärmte Platte legen, mit den Kerbelblättchen bestreuen und servieren.

Hackfleischbällchen süß-sauer

Für den Fleischteig:
1 Zwiebel
500 g Rinderhackfleisch
1 Ei
1 EL Semmelbrösel
Salz
schwarzer Pfeffer

Außerdem:
1 große gelbe, 1 rote und 1 grüne Paprikaschote
6 EL Sesamöl
125 ml Ananassaft
125 ml Brühe
2 EL Essig
2 EL dunkle Sojasauce
2 EL brauner Zucker
100 g Ananasstücke
1 TL Speisestärke
2 EL Wasser

Die Zwiebel schälen und feinhacken.

Das Fleisch in eine Schüssel geben, mit der Zwiebel, dem Ei, und den Semmelbröseln, vermischen.

Mit Salz und frischgemahlenem Pfeffer abschmecken.

Aus dem Fleischteig kleine Bällchen formen.

Die Paprikaschoten putzen, waschen entkernen, dann in feine Streifen schneiden.

Das Öl im Wok erhitzen und die Bällchen rundum 1 – 2 Minuten knusprig braun anbraten.

Die Paprikaschoten zugeben und 2 Minuten pfannenrühren.

Den Ananassaft, die Brühe, den Essig, die Sojasauce und den Zucker zufügen und 5 Minuten pfannenrühren.

Die Ananaswürfel zugeben und nochmals 2 Minuten kochen lassen.

Die Speisestärke mit dem Wasser glattrühren und zu den Fleischbällchen geben, nochmals aufkochen lassen und heiß servieren.

Fleischbällchen süß-scharf

Zutaten und Zubereitung wie »Hackfleischbällchen süß-sauer« Wenn man die Sauce mit 1/2 TL Szetschuanpfeffer oder 1 rote Chilischote abschmeckt, erreicht man eine interessante Variation.

Hackfleischbällchen mit Walnüssen

Für den Fleischteig:
1 Zwiebel
500 g Rinderhackfleisch
1 Ei
1 EL Semmelbrösel
Salz
schwarzer Pfeffer

Außerdem:
100 g gehackte Walnüsse
125 ml Sesamöl

Für die Sauce:
2 EL Essig
2 EL dunkle Sojasauce
2 EL trockener Sherry oder Reiswein
1 EL brauner Zucker
1 TL Speisestärke

Die Zwiebel schälen und feinhacken. Das Fleisch in eine Schüssel geben, mit der Zwiebel, dem Ei und den Semmelbröseln vermischen, mit Salz und Pfeffer abschmecken.

Aus dem Fleischteig kleine Bällchen formen und diese in den gehackten Walnüssen wälzen.

Das Öl im Wok erhitzen und die Bällchen rundum 4 Minuten knusprig braun fritieren, herausnehmen und warmstellen.

Für die Sauce die Brühe, den Essig, die Sojasauce, den Sherry, den Zucker und die Speisestärke verrühren, in den Wok geben und unter Rühren aufkochen, bis sie sämig wird. Heiß zu den Fleischbällchen geben und servieren.

Chinakohlroulade

Für 6 Personen

6 große Chinakohlblätter

Für die Füllung:

400 g Rinderhackfleisch

1 Knoblauchzehe

1 Stückchen frische Ingwerwurzel

1 Frühlingszwiebel

1 frische rote Pfefferschote

1 Ei

6 EL Sesamöl

125 ml Gemüse- oder Hühnerbrühe

Für die Sauce:
1 EL Speisestärke
2 EL dunkle Sojasauce
1 EL Hoisinsauce
Salz
1 TL Zucker
schwarzer Pfeffer

Außerdem:
1 Bund Schnittlauch

Die Chinakohlblätter waschen und ein paar Sekunden in kochendem Wasser blanchieren, kalt abschrecken.

Das Hackfleisch in eine Schüssel geben.

Die Knoblauchzehe schälen und durch die Presse drücken.

Den Ingwer schälen und feinhacken.

Die Frühlingszwiebel und die Pfefferschote putzen, waschen und in Ringe schneiden.

Den Knoblauch, den Ingwer, die Frühlingszwiebelringe, die Pfefferschote und das Ei zum Fleisch geben und gut vermischen.

Den Fleischteig auf die Kohlblätter aufstreichen, dann aufrollen und eventuell mit einer Rouladenklammer umschließen oder mit Küchengarn zusammenbinden.

Das Öl in den Wok geben und sehr heiß werden lassen.

Die Rouladen hineingeben und von allen Seiten anbraten, herausheben, in eine feuerfeste Schüssel legen und mit der Brühe begießen.

2 cm Wasser in den Wok gießen, aufkochen lassen und die Schüssel mit den Rouladen auf den Dämpfeinsatz stellen.

Zugedeckt ca. 30 Minuten leise kochend ziehen lassen.

Für die Sauce die Speisestärke mit der Soja- und der Hoisinsauce glattrühren, mit Salz, Zucker und Pfeffer abschmecken.

Diese Sauce ein paar Minuten vor Ende der Garzeit zu den Chinakohlrouladen geben, unter Rühren noch einmal kurz aufkochen lassen, bis die Sauce sämig wird.

Den Schnittlauch waschen und in Röllchen schneiden, die Rouladen vor dem Servieren damit bestreuen.

Gurken gefüllt

Für 6 Personen
6 Gärtnergurken ca. 16 cm lang
Zutaten wie Chinakohlrouladen

Die Gurken waschen, schälen und halbieren und mit einem Teelöffel die Kerne entfernen, beiseite stellen.

Das Hackfleisch in eine Schüssel geben.

Die Knoblauchzehe schälen und durch die Presse drücken.

Den Ingwer schälen und feinhacken.

Die Frühlingszwiebel und die Pfefferschote schälen, putzen, waschen und in Ringe schneiden.

Den Knoblauch, den Ingwer, die Frühlingszwiebelringe, die Pfefferschote und das Ei zum Fleisch geben und gut vermischen.

Den Fleischteig, gut gehäuft, in eine Gurkenhälfte füllen und die andere Gurkenhälfte als Deckel daraufsetzen und mit Küchengarn umwickeln.

Weiterverarbeiten wie »Chinakohlrouladen«.

Sojasprossen mit Hackfleisch

500 g frische Sojasprossen
2 Zwiebeln
2 EL Sesamöl
500 g Rinderhackfleisch
1 TL Fünf-Gewürz-Pulver
2 EL dunkle Sojasauce
2 EL trockener Sherry
1 TL Speisestärke
125 ml Brühe
schwarzer Pfeffer

Die Sojasprossen unter fließendem Wasser abbrausen und in kochendem Wasser 1 Minute blanchieren, kalt abschrecken, beiseite stellen. Die Zwiebeln schälen und feinhacken. Das Öl im Wok erhitzen und die Zwiebelwürfel darin glasig dünsten.

Das Hackfleisch mit den restlichen Zutaten zugeben und 3 Minuten pfannenrühren.

Mit frischgemahlenem Pfeffer abschmecken und heiß servieren.

Lamm mit Pilzen und Glasnudeln

Für 6 Personen

600 g Lammfleisch aus der Keule
6 große getrocknete chinesische Champignons (Tongu-Pilze)
100 g Glasnudeln

Für die Marinade:
1 Stückchen frische Ingwerwurzel
2 Knoblauchzehen
3 EL dunkle Sojasauce
2 EL trockener Sherry oder Reiswein
1 EL Honig

Außerdem:
4 Frühlingszwiebeln
4 EL Sesamöl
125 ml Brühe
1 Prise Salz
schwarzer Pfeffer

Das Lammfleisch unter fließendem Wasser kurz abwaschen und trockentupfen.

Mit einem scharfen Messer gegen die Faserrichtung in dünne Streifen schneiden.

Für die Marinade den Ingwer und die Knoblauchzehen schälen, kleinhacken und mit der Sojasauce, dem Sherry und dem Honig in eine Schüssel geben und zu einer Marinade verrühren.

Die Lammfleischstreifen in diese Marinade legen und zugedeckt 1 Stunde kaltstellen, hin und wieder wenden.

Die getrockneten Pilze und die Glasnudeln getrennt ca. 30 Minuten im kalten Wasser einweichen.

Bei den Pilzen die Stiele entfernen und die Hüte vierteln.

Die Glasnudeln mit einer Küchenschere etwas zerkleinern.

Die Frühlingszwiebeln putzen, waschen und in schräge 5 cm lange Stücke teilen.

Das Öl im Wok erhitzen das Fleisch ohne Marinade zufügen und 2 Minuten pfannenrühren.

Dann die Marinade zugeben und aufkochen lassen.

Die Pilze und Glasnudeln zugeben und mit der Brühe aufgießen, unter Rühren 3 Minuten kochen lassen.

Mit Salz und frischgemahlenem Pfeffer abschmecken.

Die Frühlingszwiebeln zugeben und nochmals 1 Minute pfannenrühren.

Das fertige Gericht in eine tiefe, vorgewärmte Schale geben und heiß servieren.

Lammkeule mit Frühlingszwiebeln

Für 8 – 10 Personen

2 kg Lammkeule

Für die Sauce:
2 Knoblauchzehen

1 Stückchen frische Ingwerwurzel
4 EL dunkle Sojasauce
2 EL trockener Sherry oder Reiswein
1 EL brauner Zucker
1 l Wasser

Außerdem:
2 Bund Frühlingszwiebeln
1 Prise Salz
schwarzer Pfeffer

Den Knochen aus der Lammkeule lösen und das Fleisch unter fließendem Wasser waschen und trockentupfen.

Mit einem scharfen Messer häuten und in ca. 3 cm große Würfel schneiden.

Die Knoblauchzehen und den Ingwer schälen, grobhacken, mit der Sojasauce, dem Sherry und dem Zucker in eine Schüssel geben, dann zu einer Sauce verrühren.

Die Frühlingszwiebeln putzen, waschen und in 3 cm lange Stücke schneiden.

Die Lammwürfel in den Wok legen, die Sauce und die Hälfte der Frühlingszwiebeln dazugeben, mit dem Wasser auffüllen und aufkochen.

Zugedeckt 90 Minuten leise

kochen lassen, alle 30 Minuten wenden.

Die im Sud schwimmenden Frühlingszwiebeln herausfischen und 5 Minuten vor Ende der Garzeit die restlichen Frühlingszwiebeln dazugeben. Mit Salz und frischgemahlenem Pfeffer abschmecken.

Das Gericht in einer Terrine mit den Frühlingszwiebeln heiß servieren.

Lammterrine mit Lauch

Für 8 – 10 Personen

500 g Lauch

Die restlichen Zutaten und die Zubereitung wie »Lamm mit Frühlingszwiebeln«, nur statt der Frühlingszwiebeln den Lauch verwenden. Den Lauch putzen, waschen und in Ringe schneiden. Das Gericht in einer Terrine heiß servieren.

Lammfleisch mit grünen Bohnen

Für 6 Personen

Für die Marinade:
2 Knoblauchzehen
4 EL dunkle Sojasauce
2 EL trockener Sherry oder Reiswein
1 EL brauner Zucker

Außerdem:
3 EL Sesamöl
2 Schalotten
500 g grüne Bohnen
1 Prise Salz
schwarzer Pfeffer

Das Lammfleisch unter fließendem Wasser kurz abwaschen und trockentupfen.

Mit einem scharfen Messer gegen die Faserrichtung in dünne Scheiben schneiden.

Für die Marinade die Knoblauchzehen schälen, kleinhacken und mit der Sojasauce, dem Sherry und dem Zucker in eine Schüssel geben und zu einer Sauce verrühren.

Die Lammfleischscheiben in diese Marinade legen und zugedeckt 1 Stunde kaltstellen, hin und wieder wenden.

Das Öl in den Wok geben, erhitzen und das Fleisch, ohne Marinade, unter Rühren 2 Minuten scharf anbraten.

Die Schalotten schälen und würfeln.

Die grünen Bohnen putzen und waschen.

Die Schalotten und die Bohnen mit der Marinade zum Fleisch geben und 3 Minuten pfannenrühren, eventuell mit Salz und frischgemahlenem Pfeffer abschmecken.

Das Gericht auf eine vorgewärmte Platte legen und sofort servieren.

Chinesische Pfannkuchen

Für den Teig:
250 g Mehl
1 Ei
1 Eiweiß
2 EL Zucker
250 ml Wasser
1 EL Sesamöl

Zum Ausbacken:
6 EL Sesamöl

Für die Füllung:
2 EL Sesamsamen
2 EL Zucker

Das Mehl in eine Schüssel sieben, mit dem Ei, dem Eiweiß und dem Zucker vermischen. Das Wasser zufügen und einen nicht zu dünnen Teig herstellen. Zum Schluß das Öl unterrühren.

Den Teig 30 Minuten ruhenlassen.

Danach das Öl in einer Pfanne erhitzen und 16 kleine Pfannkuchen ausbacken.

Zum Schluß den Sesamsamen in die Pfanne geben und kurz anrösten.

Die Pfannkuchen mit dem Sesamsamen und dem Zucker bestreuen und aufrollen.

Die Pfannkuchen können in etwas breitere Streifen geschnitten und serviert werden.

Aprikosen-Mandel Füllung

1 kg Aprikosen
150 g Zucker
1 EL Zitronensaft
1 EL Zimt
100 g Mandeln

Die Aprikosen waschen, entsteinen, kleinschneiden, mit dem Zucker, dem Zitronansaft und dem Zimt in einem Topf 5 Minuten unter Rühren kochen lassen.

Die geschälten Mandeln kleinhacken und zugeben.

Jeweils 1 EL von der Aprikosenmasse auf einen Pfannkuchen geben, diesen zusammenrollen und mit Puderzucker bestäubt servieren.

Glasierte Orangen

4 mittelgroße unbehandelte Orangen
4 cl Orangenlikör
100 ml Wasser
150 g Zucker

Die Orangen waschen, abtrocknen und mit einem scharfen Messer hauchdünne Streifen abschälen.

In einem kleinen Topf Wasser zum Kochen bringen und die Orangenschalen 5 Minuten darin kochen, danach abgießen und kalt abschrecken.

Die Orangen mit einem Messer bis auf das Fleisch schälen, es darf keine weiße Haut mehr daran sein, anschließend in 4 Glasschüsselchen setzen, den Orangenlikör darübergießen und beiseite stellen.

Das Wasser mit dem Zucker zum Kochen bringen und 20 Minuten köcheln lassen, bis ein hellbrauner Sirup entstanden ist.

Die Orangenstreifen kreuz und quer über die Orangen legen und den heißen Karamel Sirup vorsichtig darüberlaufen lassen.

Gut gekühlt servieren.

Mandarinencreme

Schale von 1 unbehandelten Orange
6 Mandarinen
4 Stücke eingelegten Ingwer
200 g Tofu
2 Zwieback
3 cl Orangenlikör
2 EL Honig
1 Prise gemahlener Koriander

Kerne von 1/2 Granatapfel
125 ml Schlagsahne
1 Päckchen Vanillinzucker

Die unbehandelte Orange waschen und die Schale abreiben, beiseite stellen. Die Mandarinen halbieren und ausdrücken, die Orange filetieren, die Hälfte der Filets würfeln, die andere Hälfte zum Garnieren aufheben. Den Ingwer feinwürfeln. Den Tofu abtropfen lassen und mit einer Gabel zerkleinern.

Den Tofu und den Zwieback in den Mixer geben und cremig rühren, nach und nach den Mandarinensaft, den Likör und den Honig einlaufen lassen. Die Creme mit den Orangen- und Ingwerwürfeln und dem Koriander vermischen, 2 – 3 Stunden kaltstellen. Den halbierten Granatapfel entkernen und beiseite stellen. Die Sahne mit dem Vanillinzucker steifschlagen, zum Schluß die Orangenschale zufügen. Nun die Creme auf Tellerchen verteilen, mit den Granatapfelkernen, den Orangenspalten und der Orangensahne verzieren.

Orangen-Lychee Salat

3 mittelgroße Orangen
250 g Lychees frisch oder aus der Dose
2 EL Honig
1 EL Zitronensaft
2 cl medium Sherry

Die Orangen bis aufs Fleisch schälen und in Würfel schneiden.

Die Lychees schälen und entkernen.

Den Honig in einen kleinen Topf geben und erwärmen, den Zitronensaft dazugeben.

Das Obst in eine Schüssel geben, den Honig und den Sherry darübergießen, dann 1 Stunde kaltstellen.

Dazu paßt die Zitronen-Sahne Sauce.

Karamelisierte Äpfel

200 g Tofu
etwas grünes Teepulver
2 EL heißes Wasser
200 g rote Bohnenpaste
2 EL Wasser
2 süße Äpfel
Puderzucker
4 Kugeln Vanilleeis
Zum Garnieren:
1 Sträußchen Pfefferminze

Den Tofu in einen Mixer geben und pürieren.

Das Teepulver mit etwas heißem Wasser aufgießen und auflösen, dann dazugeben und verrühren, so daß eine zartgrüne Creme entsteht.

Diese Creme durch ein feines Sieb streichen und kaltstellen.

Die Bohnenpaste mit etwas Wasser aufkochen und zu einer cremigen Sauce verrühren, warmstellen.

Die Apfelhälften schälen, halbieren und das Kerngehäuse entfernen. Die Hälften in dünne Scheiben schneiden und auf vier feuerfeste Tellerchen legen, dann mit dem Puderzucker bestreut, unter dem Grill überbacken, bis der Zucker karamelisiert.

Jeweils eine Kugel Vanilleeis und 1 EL von der Tofu- und der Bohnensauce dazugeben.

Mit etwas frischer Pfefferminze garniert servieren.